旅ボン
台湾・高雄編

ボンボヤージュ

まえがき

台湾行ってきました～♪
海外旅行も今回で3回目と
いうわけですっかり外国慣れ
しちゃった感のあるワタクシ
ボンボヤージュなわけですが
海外旅行の魅力ってその国
でしか食べられない食べ物や
飲み物との出会いだったりしますよね。
今回ボクが見つけたのは
ドリンクなんですがその名も
タピオカミルクティーといって
皆さんはご存じないかもしれませんが
ミルクティーの中になんとタピオカと
いうブツブツが入ってるんですよ!!
それでは旅ボン　台湾・高雄編
お楽しみください。

Bon.
2019・10月

登場人物の紹介

ボンボヤージュ

このマンガの作者。
引きこもりの旅ギライイラストレーター。
近年の台湾旅行ブームを知らずいまだに
台湾といえば台湾バナナしかないと信じてやまない。

SUZU

ボン社シャチョー兼編集者。
旅行好きで海外経験豊富だが
台湾は初めて。
旅行先にはいのうえさん（サルのぬいぐるみ）を
連れて行き写真をとるのが趣味。

カネコ

ボン社スタッフ。編集者兼アクマ。
話し言葉がカタカナしゃべり。
身体能力が非常に高い。
タピオカミルクティーを好む。

行ったとこざっくり
台湾マップ

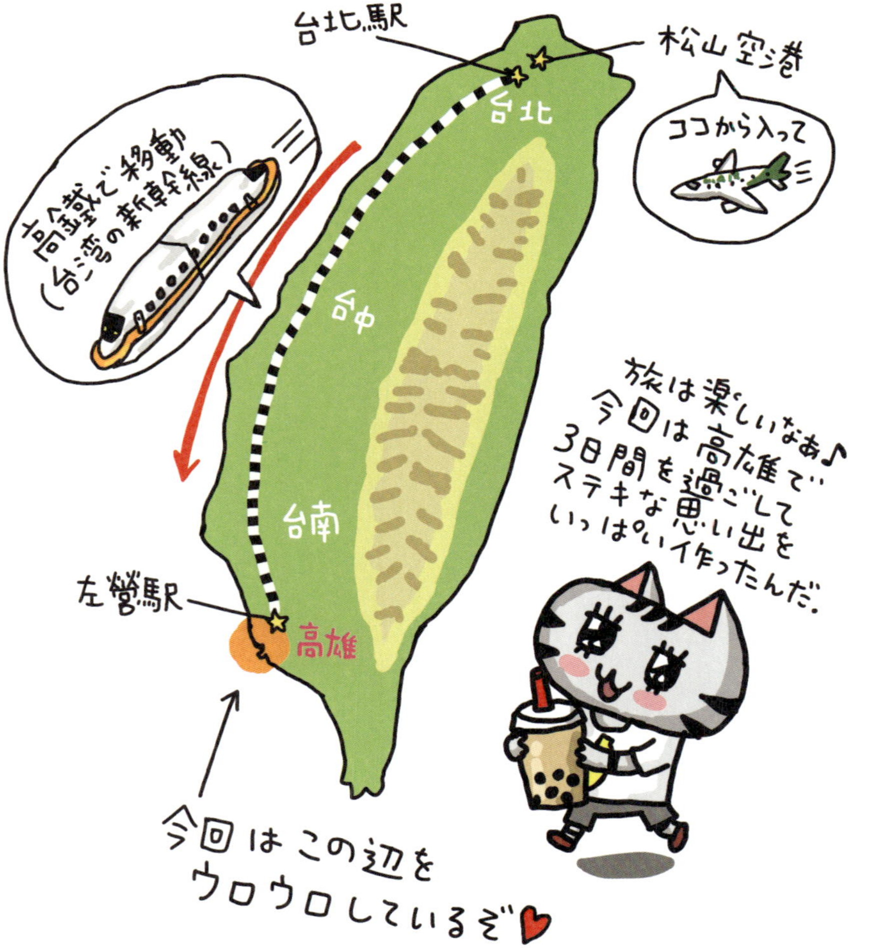

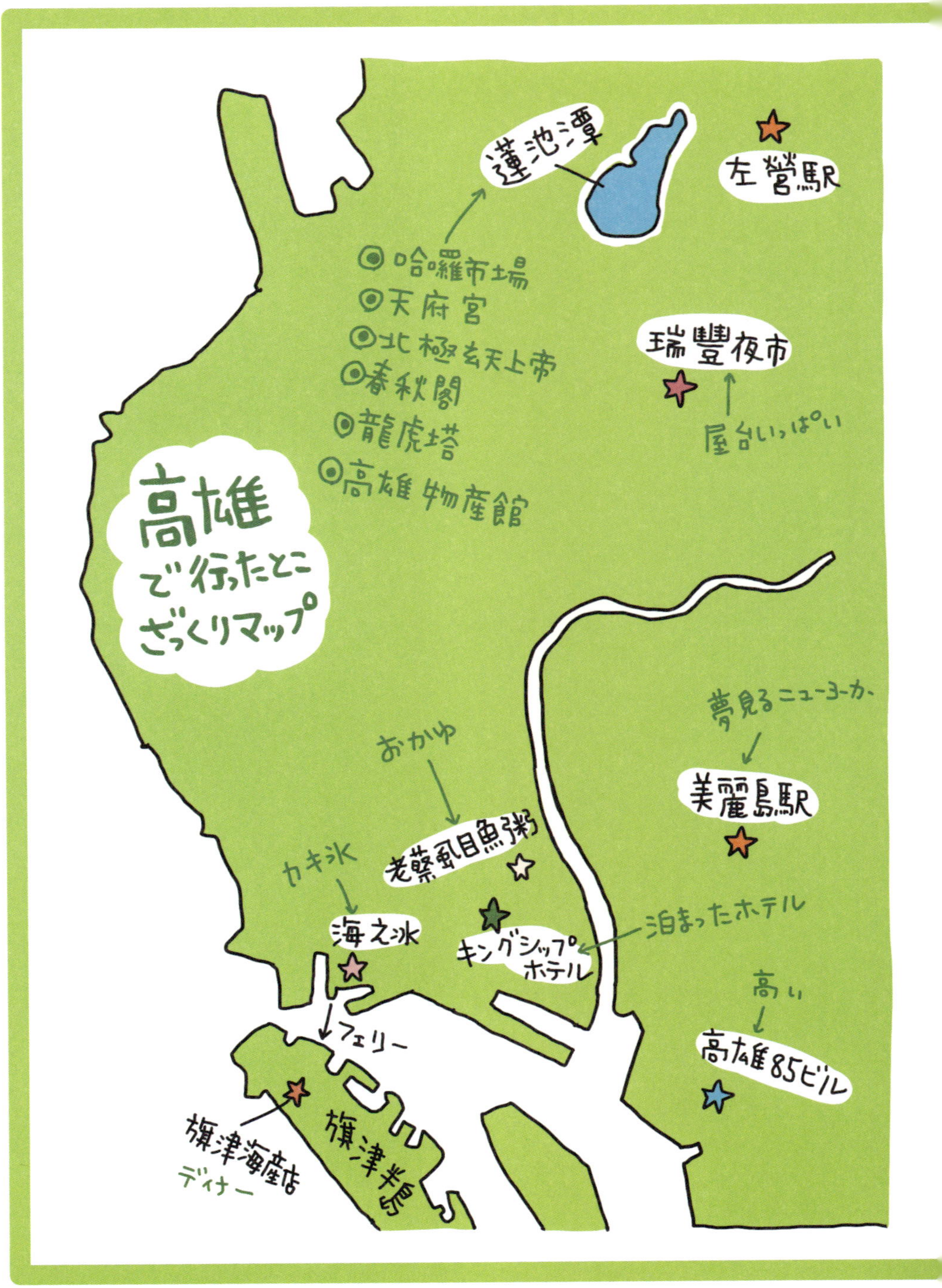

高雄で行ったとこざっくりマップ
蓮池潭
左營駅
◎哈囉市場
◎天府宮
◎北極玄天上帝
◎春秋閣
◎龍虎塔
◎高雄物産館
瑞豐夜市
屋台いっぱい
夢見るニューヨーカー
美麗島駅
おかゆ
老蔡虱目魚粥
カキ氷
海之氷
泊まったホテル
キングシップホテル
高い
高雄85ビル
フェリー
旗津半島
旗津海產店
ディナー

もくじ

まえがき 2

登場人物の紹介 3

台湾 行ったとこざっくりマップ 4

高雄で行ったとこざっくりマップ 5

1日目 高鐵で高雄へ。瑞豊夜市でとにかく食べ歩き 7

2日目 強烈パワースポット蓮池潭と龍虎塔、そして旗津へ 63

3日目 朝粥食べたら、いざ台北へ… 117

あとがき 125

※ 本書は2018年11月〜12月に行なった取材時の体験を元に描いています。基本的にノンフィクションですが、たまに作者の主観的見解や妄想、マンガ的デフォルメが止まらなくなる部分がございますので、その辺りは、やんわり受けとめていただけますと幸いです。また、文字も手描きのため、いささか読みにくいかもしれません。もろもろ、あらかじめご承知おきくださいませ。

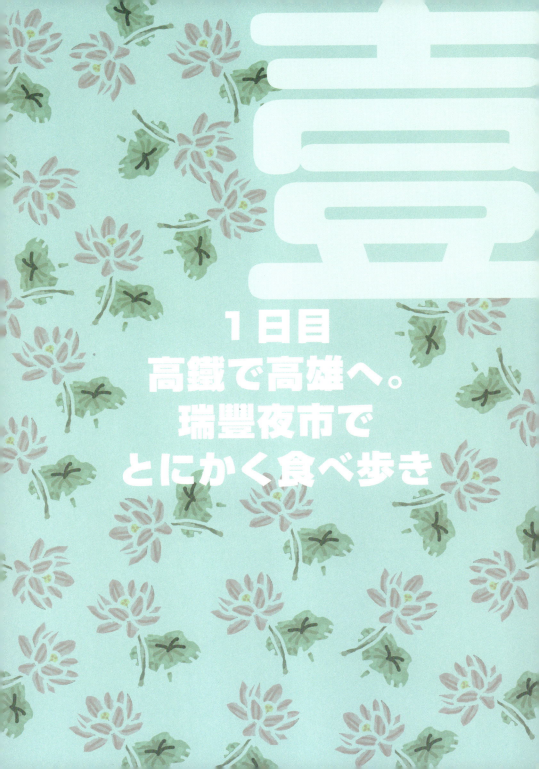

壹

1日目
高鐵で高雄へ。瑞豐夜市でとにかく食べ歩き

台湾
ドドーーン
BANANA
ハイ タイワンバナナ.
シェーシェー
ポキッ
ペローン
パク
うまい!! やっぱり本場の台湾バナナは甘さが違うね!!
兄ちゃん. あとチョコバナナ 1本追加♪ それから 台湾ラーメンも もらおうかな.
ハイヨー
ハイ 台湾ラーメン おまちどー.
うまそ〜

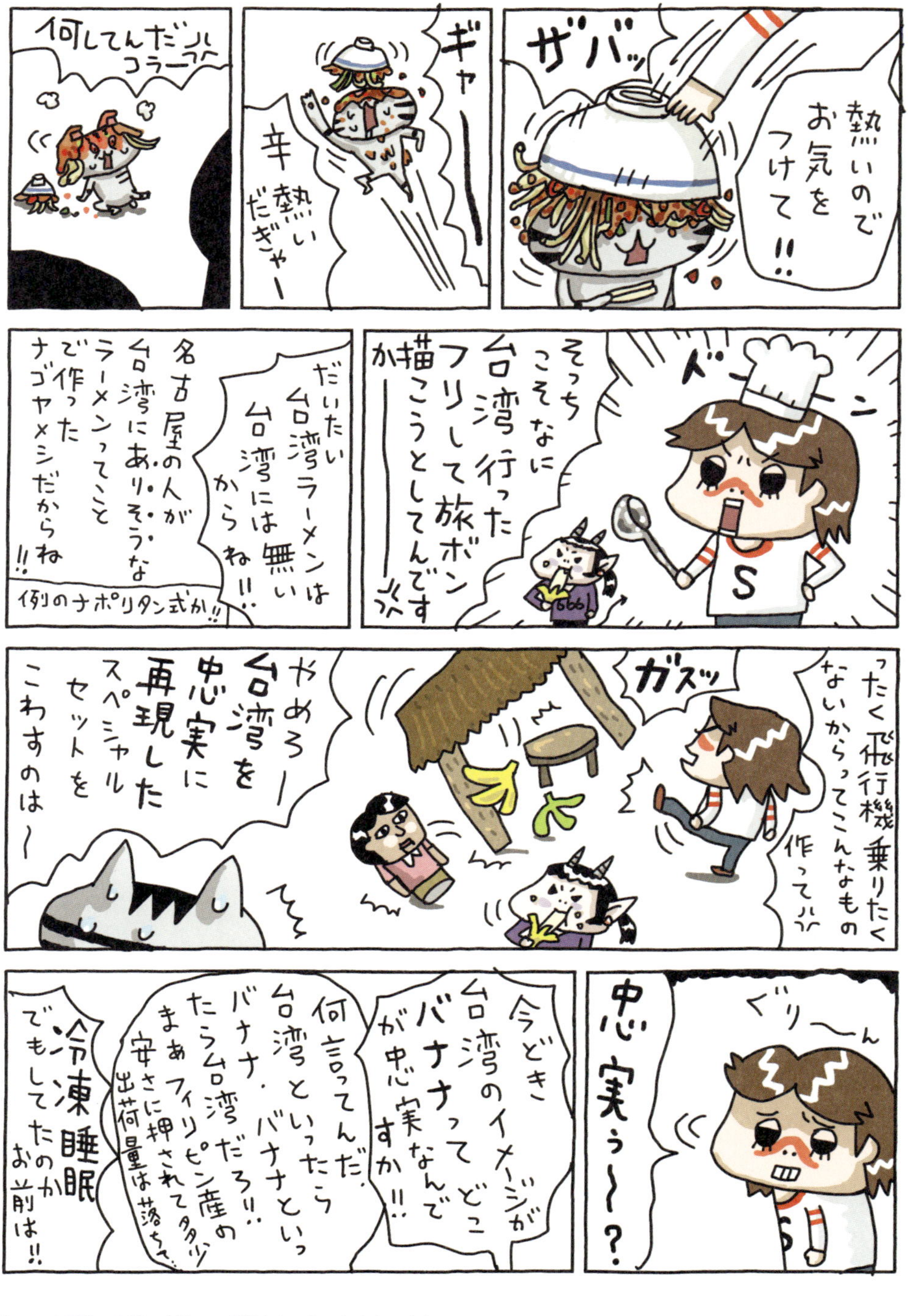
熱いのでお気をつけて!!
ザバッ
ギャ──
辛熱いだぎゃー
何してんだコラーッ
ドーン
そっちこそなに台湾行ったフリして旅ボン描こうとしてんですか──
だいたい台湾ラーメンは台湾には無いからね!!
名古屋の人が台湾にありそうなラーメンってことで作ったナゴヤメシだからね!!
例のナポリタン式か!!
ったく飛行機乗りたくないからってこんなもの作って
ガスッ
やめろー台湾を忠実に再現したスペシャルセットをこわすのは〜
グリ〜ん
忠実ぅ〜?
今どき台湾のイメージがバナナってどこが忠実なんですか!!
何言ってんだ台湾といったらバナナ・バナナといったら台湾だろ!!
まあフィリピン産の安さに押されて出荷量は落ちてるけど
冷凍睡眠でもしてたのかお前は!!

いまどきの台湾といえば
レトロで幻想的な街並みと美味しいグルメが大集合。女子に人気の超定番旅行スポットでしょーが♥
士林市場
小上海
バナナないの？
そりゃあるでしょうけど他にもマンゴーとか南国フルーツいっぱいあるし料理も安くて美味しいものいっぱいですよ♪
どうです？行きたくなってきたでしょ台湾♪
いや全然！オレ女子じゃねぇし。
…
ま、いいや。行くのは決まってるし。
よしカネコくん帰って台湾で食べる物リスト作ろう♪
ラジャー!!
あ、そうだ。台湾てたしか地下鉄で水飲んだら罰せられるとか変わったルールあるからちょっとくらい調べといた方がいいですよ。
!?

あと簡単な言葉くらい覚えてきて下さいね〜
水飲んだらタイホ？？
え〜ホントに〜〜？
ゴゴゴゴゴ
ますます行きたくなくなったわ…
カタカタ
いつもは予備知識ゼロキロカロリーのぶっつけ本番旅が信条だが（調べるのメンドイだけ）水飲んでタイホはさすがにイヤなのでインターネッツ光で台湾旅行の注意点を調べてみた。
えーっと台湾旅行の際の注意すべきこと…
台湾の地下鉄でガムやアメを食べたり水を飲んだりすると罰金が発生する。
タバコや酒なら分かるが…
水飲んだら罰金…
ええ〜
えっと他には…警察のお世話になると顔出し実名でテレビで報道される。
まあこれは悪いことしたらってことでしょ？
財布を落として拾ってもらったり、道案内してもらっただけでも実名報道される場合があります。
（外国人を助けたアピールのためらしい。）
良い意味でのお世話でも実名報道かよ…
台湾怖い。
ゴゴゴゴゴ
出発当日（11月30日）
う〜寒っ
じゃあ不本意ながらいってきます。
ブルッ
ゆめゆめお土産を忘れぬように。
お達者でっス。

羽田空港
出発 Departure
フッ 着いたぜ。
EVA AIR
ふう ここへ来るのはハワイ以来か。空港ってやつはいつ来ても嫌なものだぜ。楽しそうなこの2人の気がしれん。飛行機は落ちるかもしれん乗り物なんですよ!?
荷物検査はいつも慌てる。ホント苦手だわ～。
アタフタ
えーっと カメラのバッテリーとビデオのバッテリー、とあとバッテリーとバッテリ…
検査がハイテクになってた。ゲート通ってピーじゃないのね。
Provision 2
ウィーン
くっくすぐったい
でも最後は直触りチェック。
顔認証ゲートなんてのもあったぞ。
パスポートを置いて…
画面を見る。
ピピピピー
審査完了
※こんな表示じゃありません。
オールクリア!!
やったぜー!!
あれ? ボンさんいつも検査引っかかるのに珍しいですね。
フッまあな。ようやく検査精度がオレに追いついたというわけだな。
いつも無実の罪だったからな。
ところでエバエアーって聞いたことないけど大丈夫?
エバー航空な。エバー航空は台湾の航空会社ですよ。世界でも人気上位の大きな会社だから大丈夫♪
フーン。で今日の機長のシンクロ率はいくつなの?
エヴァ?

座席に座ると急に静かになったよこの人。ボンさーん大丈夫ですかー？
助かる気がみじんもしない。
不吉なことを言うな!!
パッ
Welcome ABOARD
機内安全ビデオか!これはしっかり観ておかねば!!
命にかかわる!!
チャララ〜♪ララ〜♪
スタスタスタ〜
!?
ズンズン♪ズンズン♪
チャチャ♪
離着陸時には小型電子機器は
ババッ!!
バッ
シャシャ
座席の下にお入れください。
ぐね〜ぐね〜
チャララ〜♪
救命胴衣は前方のヒモを
ババン
ビーン!!
引っぱって下さい!!
なぜ踊りながら説明を。
大丈夫？エバー航空ぅ〜
ギューン
なんていってたら飛んだぁ〜!!
台湾へGOー!!
キーン

台湾までは約3時間。早いと思ったら沖縄の隣りなのね。
東京
台北
台湾
沖縄
皆さまただいま右手に富士山が見えております。
外を見たがる人間の気がしれない!!
いいな窓際
フジヤマ
高度 11582メートル
目的地までの距離 1176キロ
地からの距離 926キロ
お目的地までの距離が表示されてる。
着陸まであと1176キロ…1175キロ…1174…1169…1168
ブツブツブツ
着陸までの距離をひたすらカウントダウンして恐怖をまぎらす。
機内食
最後の晩さん、最後の晩さん、最後の…
ガタガタ
ボロボロ
ヤッタぜ。生きて空港に到着。名前は松山空港、日本っぽいな…
台北
ウェルカム台北ご丁寧にありがとう台北
WELCOME TO TAIPEI
チョウダ
入境
なんか空港内の色んなトコにチョウチョがプリントされている。珍しいチョウでもいるのか？タイワンバナナアゲハとか？

何これ給水器？
台湾では水道水は飲まない（飲めない？）。水を飲む場合はミネラルウォーターを買うか色んな場所に設置されている給水器を利用すべしなのである。
一緒に置かれている。
松山
TAIPEI SONGS
カミコップ
冰水 COLD
溫水 WARM
熱水 HOT
温水？冷たいのがいいな。まぁ
ジョボボボー
松山
うん ヌルい。
あれ？ボンさん飲まないんですか？
しばらく待って2人がおなか壊さなかったら飲む。
コイツ…
スーツケースを受け取りゲートから出る一行。
いよいよバナナ大国台湾での冒険が始まる。
まずは最初に両替しときましょうか！ゲート出たとこの銀行窓口か手数料が安くてオススメなATMか…
うわー並んでるなぁ
ズラ〜
兆豐國際銀行
Mega Bank
ふと端に目をやると…
知らないオジサンと目が合った…

何言ってるかまったく分からん…
○○×☆○。○♪▽○!!
臺灣銀行
外幣
だがなんだろうスゴく…こっちを見ている。
あっこっち?
おい!!こっちの窓口誰も並んでないよ。
あっホントだ♪
ラッキー
ヤルナ♪
フフフまぁな。言葉は分からなくてもなんていうか…
目と目でつうじ合った♪
TAIWAN
そういや台湾の通貨って何なの?
ニーハオプリーズ…
NT$ 20
NTドル?N…ニ…ニュー…タイ…
キュピーン
ニュータイプドルというわけか!!
ニュータイワンドルです。
通貨
台湾の通貨はニュータイワンドル。表記は元(または圓)
NT$1(1元)=約3.6円(2018・11月)
お金も持って安心だ〜♪
いざ台湾の世界へ!!
スッタカタッタッタ——!!

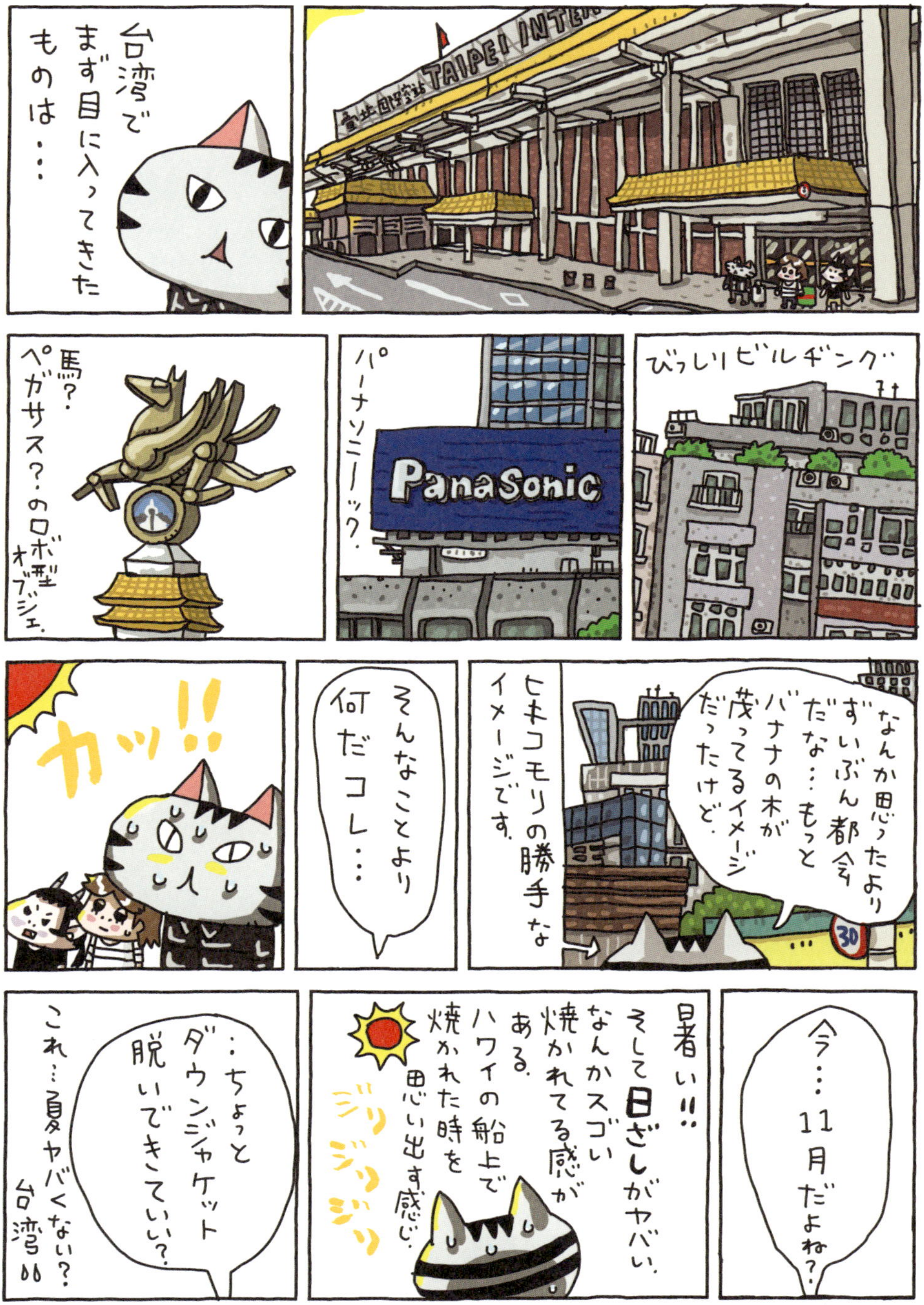
台湾でまず目に入ってきたものは・・・
TAIPEI INTER
びっしりビルヂング
Panasonic
パーナソニーーック。
馬？ペガサス？のロボ型オブジェ。
なんか思ってたよりずいぶん都会だな…もっとバナナの木が茂ってるイメージだったけど。
ヒネコモリの勝手なイメージです。
そんなことより何だコレ…
カッ!!
今…11月だよね？
暑い!!
そして日ざしがヤバい。なんか焼かれてる感がスゴいある。ハワイの船上で焼かれた時を思い出す感じ。
ジリジリジリ
…ちょっとダウンジャケット脱いできていい？
これ…夏ヤバくない？台湾!!

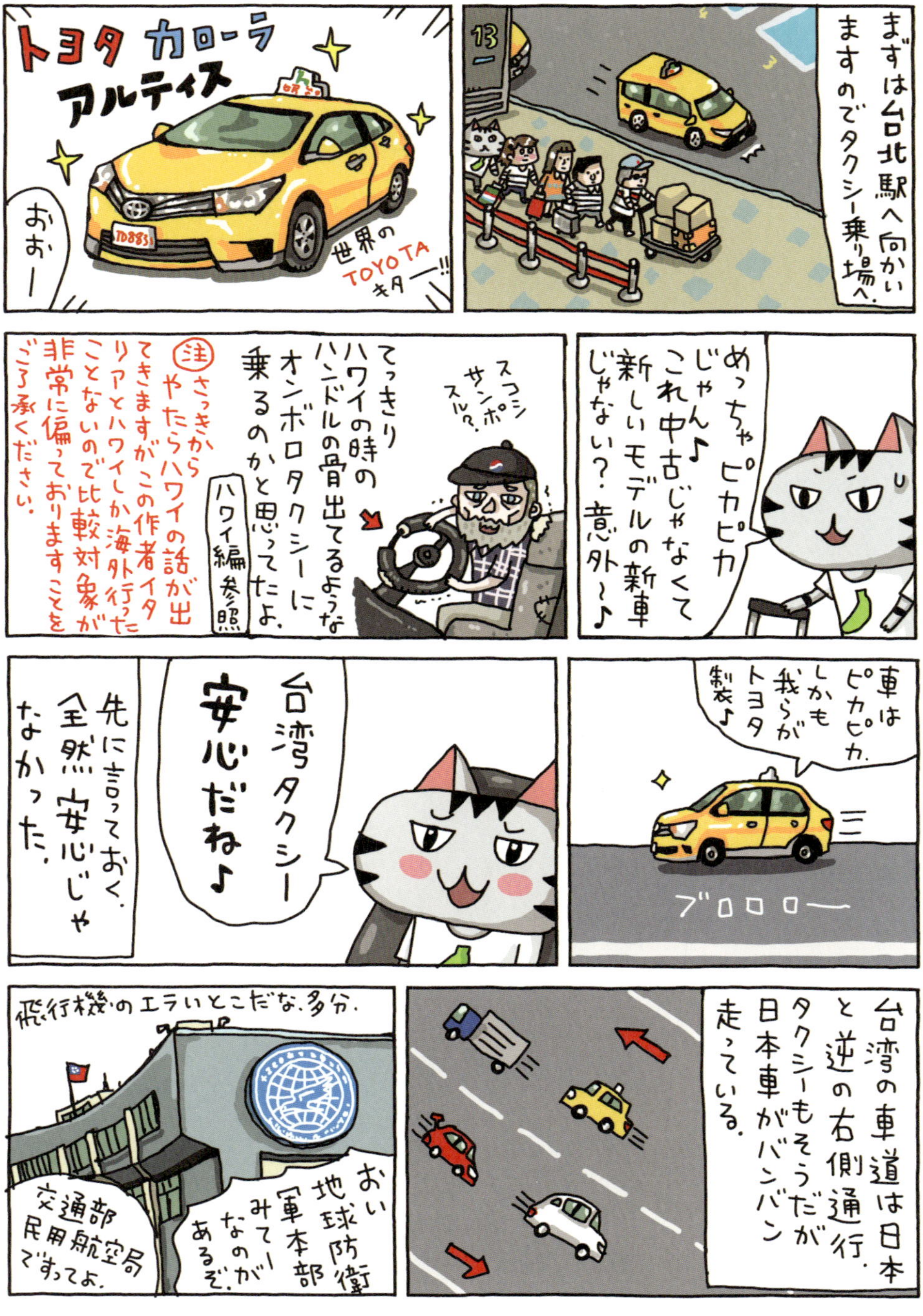
まずは台北駅へ向かいますのでタクシー乗り場へ.
トヨタ カローラ アルティス
世界のTOYOTAキター!!
おおー
めっちゃピカピカじゃん♪
これ中古じゃなくて新しいモデルの新車じゃない？意外〜♪
てっきりハワイの時のハンドルの骨出てるようなオンボロタクシーに乗るのかと思ってたよ.
スコシサンポシスル？
ハワイ編参照
注 さっきからやたらハワイの話が出てきますがこの作者イタリアとハワイしか海外行ったことないので比較対象が非常に偏っておりますことをご了承ください.
車はピカピカ. しかも我らがトヨタ製♪
ブロロロー
台湾タクシー安心だね♪
先に言っておく. 全然安心じゃなかった.
台湾の車道は日本と逆の右側通行. タクシーもそうだが日本車がバンバン走っている.
飛行機のエラいとこだな, 多分.
おい地球防衛軍本部みてーなのがあるぞ.
交通部民用航空局ですってよ.

やれやれどこの国にも運転荒い人っているよね…
わっ
ビュオン!!
豊動物醫院
あれ動物病院だろ?何となく分かるもんだな♪
あれは動物〇院まで正解でてるからな…
と思ってたら…
ヴオン!!
ヒイッ??
タクシーも運転荒い人だった。
だ、誰か北京語で「ボク達ヒマ人なんでそんなに急いでません」て伝えろ!!
ギュオーン
ていうか全体的に荒い人ばっかなんですけど…
誰も彼も一台でも前へぬうように進む。
ギュン
ギュン
ギュン
そしてブレーキがギリギリ
キキィ!
ぶつかる
これはヤバい。免許を取って自分で運転するようになったから分かるこの恐ろしさよ…
大人ボン
41歳からの運転免許編参照
でもこれだけみんなスピード出したりギリギリまで寄せたりぶつかったりしてもぶつかったりしないんだから台湾の人は運転が上手いという見方もできなくはないか…

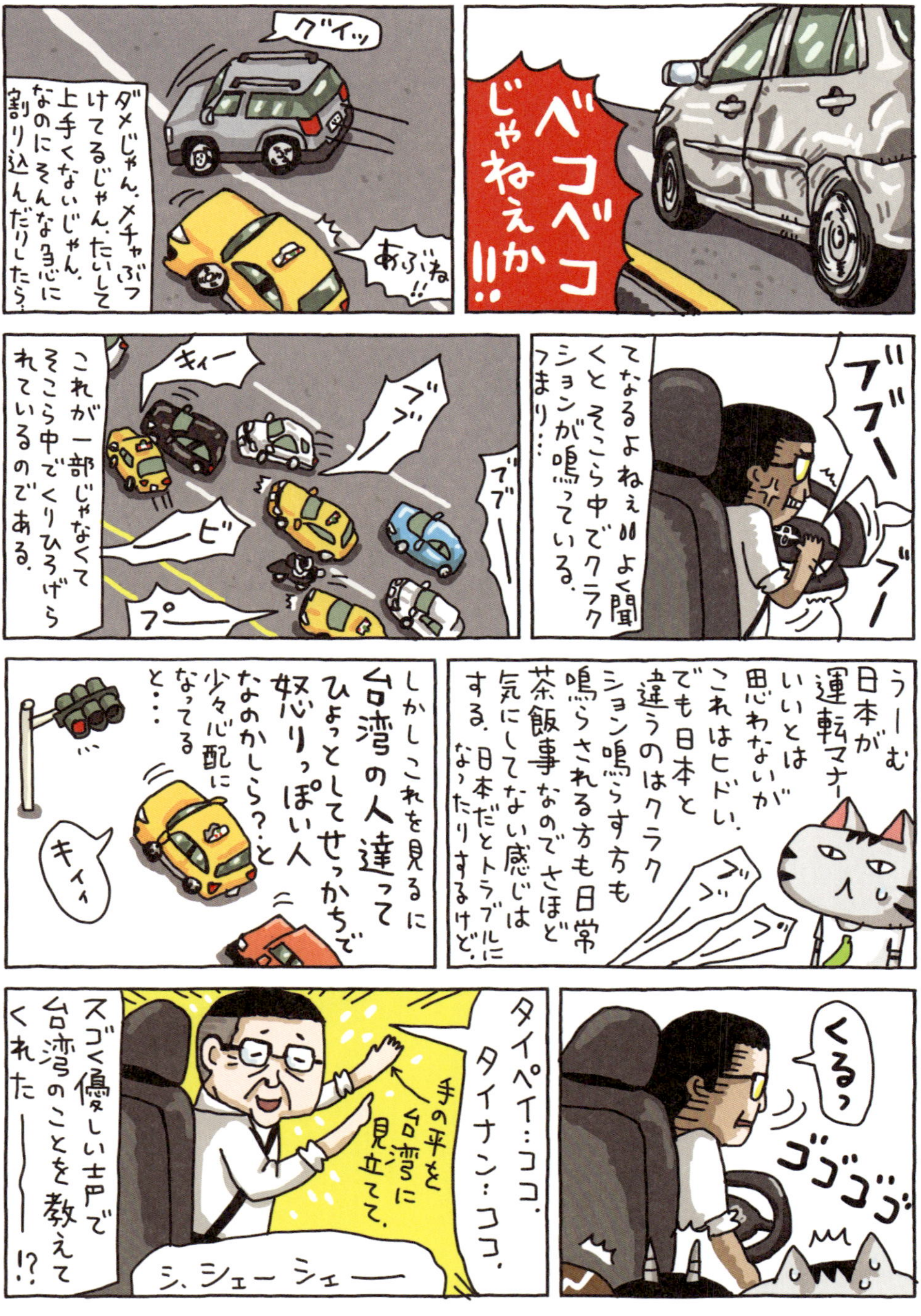
ベコベコじゃねぇか!!
グイッ
ダメじゃん、メチャブツけてるじゃん、たいして上手くないじゃん、なのにそんな急に割り込んだりしたら…
あぶね!!
ブブーー
ブー
てなるよねぇ!! よく聞くとそこら中でクラクションが鳴っている。つまり…
ブブー
ブブ
キィー
ビー
プー
これが一部じゃなくてそこら中でくりひろげられているのである。
う〜む 日本が運転マナーいいとは思わないがこれはヒドい。でも日本と違うのはクラクション鳴らす方も鳴らされる方も日常茶飯事なのでさほど気にしてない感じはする。日本だとトラブルになったりするけど。
ブブ
ブブ
しかしこれを見るに台湾の人達ってひょっとしてせっかちで怒りっぽい人なのかしら?と少々心配になってると…
キィィ
くるっ
ゴゴゴゴ
タイペイ…ココ、タイナン…ココ、
手の平を台湾に見立てて、
シ、シェーシェー
スゴく優しい声で台湾のことを教えてくれた〜〜!?

なんだすごく良い人だった♪
パッ
ブオーーーン
ヴォン
グイ
なんなの? 台湾じゃロケットスタートしないとマリオに怒られちゃうの?
ヒィィーー
ドギュン
ブオーン
あと台湾の交通事情の特徴としてあげられるのが…
ビィー
バイクが激多いということ。
ブィイーーーン
何アレ全部バイク!?
バイクのほとんどは原付バイク。
50ccよりも100~125ccが多く普及していて2人乗りや荷物激積みで爆走している。
おい!! あれ3人乗ってるぞ!!
いや、4人乗っ…
ビィーー
ホントはダメらしいが3人乗りやノーヘルは結構見る…
イヌも結構乗っている。
オラオラ飛ばすぜ~
イヌ!?

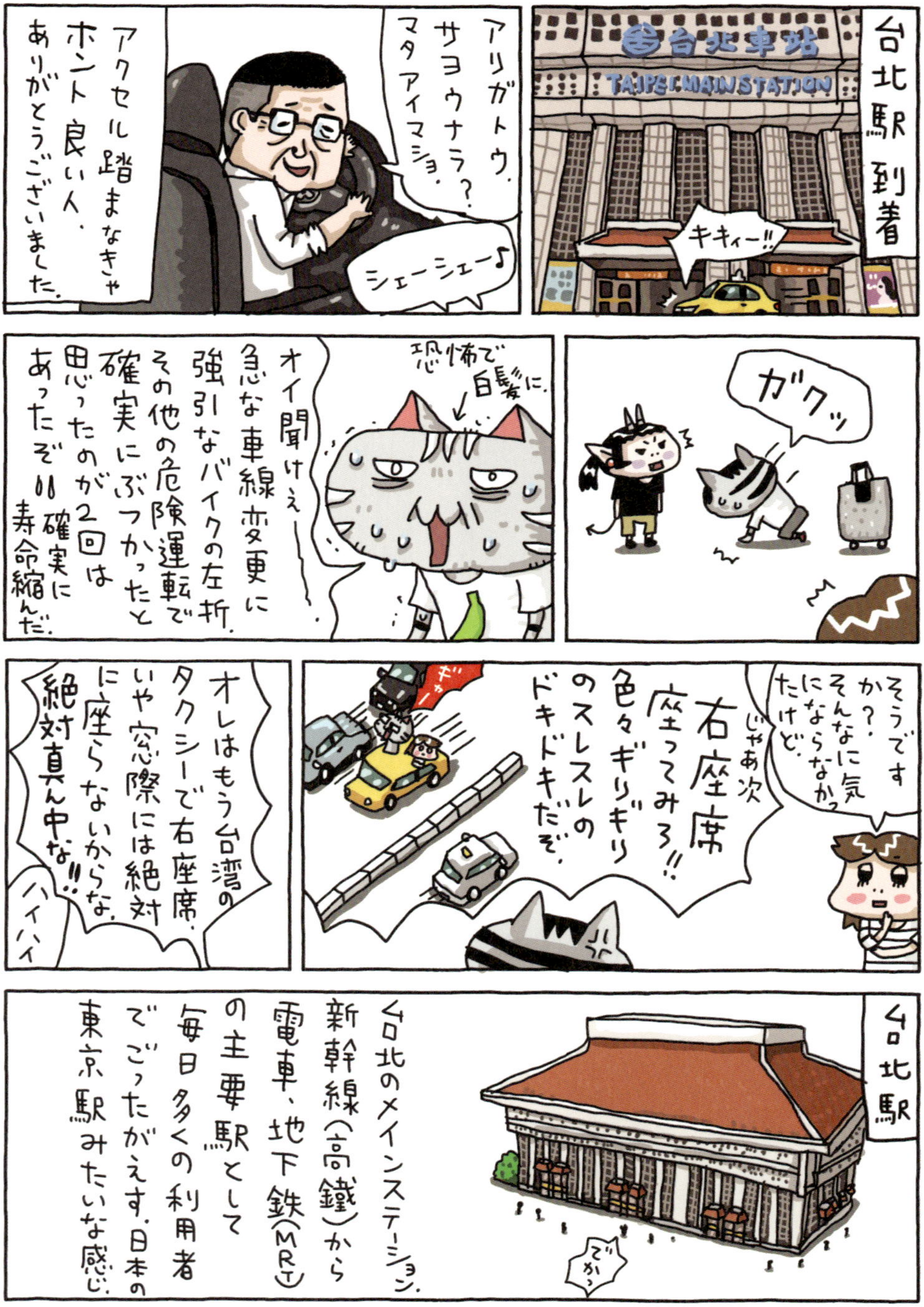

台北駅到着
台北車站
TAIPEI MAIN STATION
キキィー!!
アリガトウ、サヨウナラ？マタアイマショ。
シェーシェー♪
アクセル踏まなきゃホント良い人、ありがとうございました。
ガクッ
恐怖で白髪に。
オイ聞けぇ〜
急な車線変更に強引なバイクの左折、その他の危険運転で確実にぶつかったと思ったのが2回はあったぞ!!
確実に寿命縮んだ。
そうですか？そんなに気にならなかったけど。
じゃあ次右座席座ってみろ!! 色々ギリギリのスレスレのドキドキだぞ。
ギャー
オレはもう台湾のタクシーで右座席、いや実際には絶対に座らないからな。絶対真ん中な!!
ハイハイ
台北駅
台北のメインステーション。新幹線（高鐵）から電車、地下鉄（MRT）の主要駅として毎日多くの利用者でごったがえす。日本の東京駅みたいな感じ。
でかっ

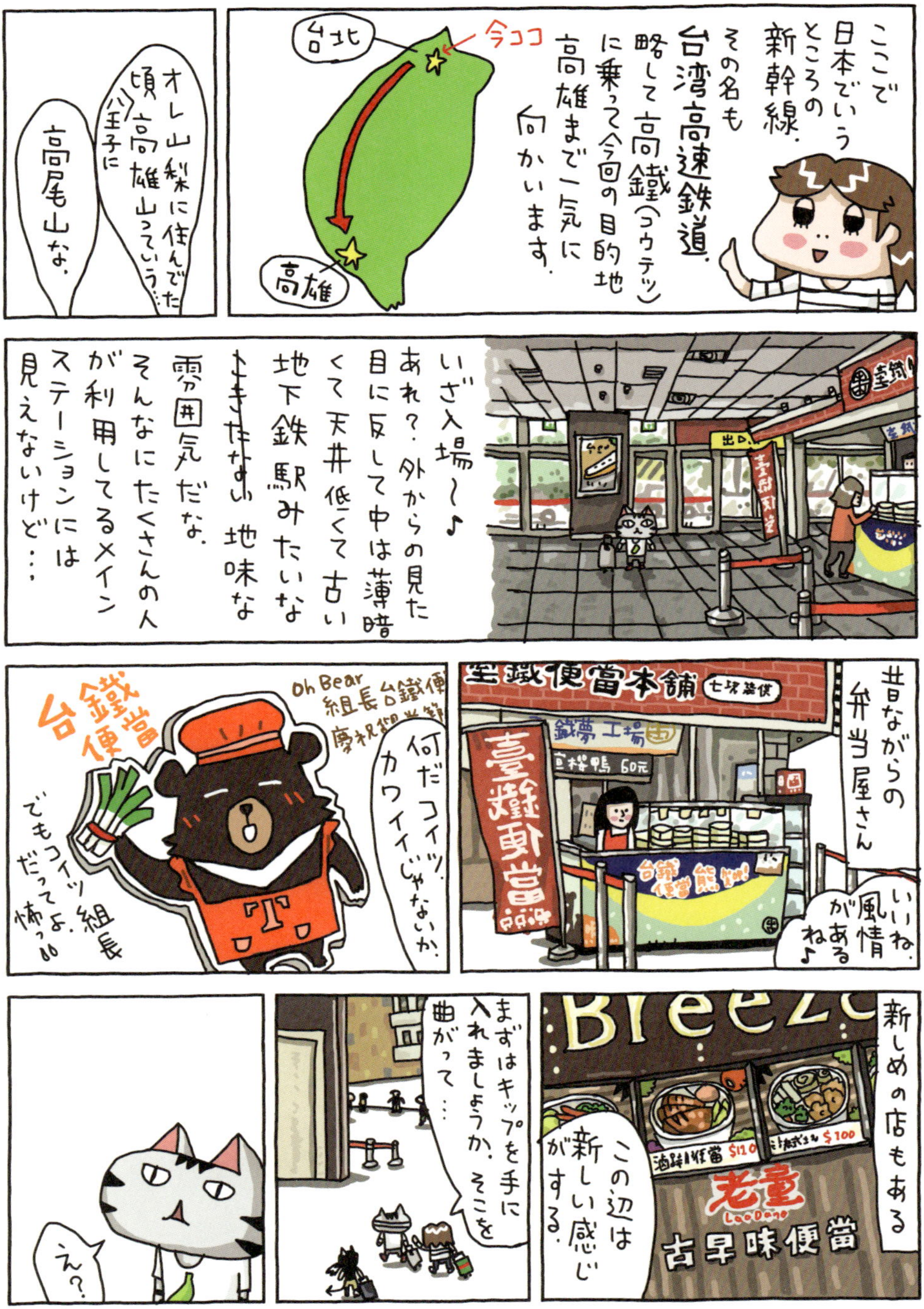

ここで日本でいうところの新幹線。
その名も台湾高速鉄道。
略して高鐵(コウテツ)に乗って今回の目的地高雄まで一気に向かいます。
台北
今ココ
高雄
オレ山梨に住んでた頃
八王子に
高雄山っていう…
高尾山な。
いざ入場〜♪
あれ?外からの見た目に反して中は薄暗くて天井低くて古い地下鉄駅みたいなよ・き・た・な・い 地味な雰囲気だな。
そんなにたくさんの人が利用してるメインステーションには見えないけど…
昔ながらの弁当屋さん
臺鐵便當本舖
鐵夢工場
臺鐵便當
いいね。風情があるね♪
台鐵便當
Oh Bear
何だコイツ。カワイイじゃないか。
でもコイツ組長だってよ。怖っ。
新しめの店もある
Breeze
老董
古早味便當
この辺は新しい感じがする。
まずはキップを手に入れましょうか。そこを曲がって…
え?

でかっ

天井高っ!!
なんだか古い地下鉄の駅みたいなんていってスイマセンでした。これはスゴい! 圧倒されるね。

天井高いと口開けておーっていいながら見上げてしまうね。
オォー
お

3日間乗り放題なチケットを予約済なので窓口で受取ります。
高鐵售票處
HSR Tickets
定期票／回數票
團體票
受取りついでに指定席予約もしちゃいましょう。
ニーハオ。
ペラ…ペラ…ペラ～
えーっとスリーデイズパス？
ペラペラ？～……？
ペラペラペラ～…
えっと…その…
え？
今回の旅はコーディネーターの人とかいないので切符なども全て自分たちで購入しなければいけない。
なんとかゲットー!!
Taiwan High Speed Rail Pass
3DAY
ふう～一応指定席とれたけどなんか席が別れちゃったっぽい。
オツカレサマデス!!
ボンさんも協力して下さいね!!
シェーシェー
シェーシェー
オネガイシマスヨ
訳 ありがとう。
キサマさては今回「シェーシェー」しか覚えてこなかったな!?
シェーシェー
簡単な言葉くらい勉強してこいっていったでしょ!!
シェーシェー以外の言葉を話してみろー!!
シェーシェー
シ…シャンシャン・シュアンシュアン・ホアンホアン・ランラン・カンカン・リンリン
歴代パンダの名前言いだしたー!?

高雄までは高鐵で2時間くらいかかるので駅弁とお茶買っていきましょうか.
オシャレでキレイな弁当屋が並ぶ中、やはりココは古い味わいのある売店をチョイス.
ドレニショウカナ♡
定番のヤツが良いな〜. イカ飯的な.
酸菜排骨 60元
古早味
青菜排骨 80元
烤雞腿 100元
風味
これいい感じ〜♪
古早味 酸菜排骨 60元
古早味って何ですかね?
古くて早くて味が良い.
古くてはダメだろ!!
※なつかしい味のこと.
あとコレ.
宜蘭風味 100元
青菜排骨 80元
お茶はキオスク?で買ってみる.
おーいお茶がある!!
思いのほか日本のお茶とかそのまま日本語で売られている.
なんかポンデリングみてーなドーナツ売ってる…って
ミスドだコレ!?
Mister Do
台湾にはセブンイレブンがいっぱいある.
7-ELEVEn
ていうかセブンイレブンだこの店!!
Mister D
オレこのお茶ー♪
やっぱり原地の商品じゃないと.
毎朝
健康〜!!
緑茶 毎朝健康
…また変なの買って…

ふくろは基本的にくれない。有料。
シェーシェー
シェーシェー
飲んでみた。
何かスースーする緑茶だった。
ハァ〜〜
!?
また給水器を見つけた。
2人とも平気そうなので水筒に入れていくことにした。
ペチャンコ水筒〜♪
ペラ〜ン
その昔、イタリア編取材に行く際に水道がなかったら困るので買っていったが水道あったので使わなかったケータイ水筒。
温水
熱湯
冷たいがない・・・
温
熱
温
ジョロロー
イタリア旅行から実に15年の時を経てついに使用されたぺちゃんこ水筒!! 水を入れるとドンドンふくらむぅ〜♪
実飲
チュウーーー
うむぬるい。
ゴー
新幹線みたいのキター!!

なにを隠そうこの車両、日本の新幹線技術を使ってつくられている!!
なので中もほぼ…というかまんま新幹線である。
なので外の景色を見てないと新幹線で実家に帰省してる気になる。
そろそろ名古屋の辺りかな。
それではお腹もすいてきたことだし、
弁当でも食べるか。
台鐵便當
パカッ
ち…茶色い。
でっかい骨つき肉の下にはでっかい湯葉が!!
おお柔らかい。これは衣をつけて揚げてタレで煮てあるわけか。そしてこの独特の香りは八角？六角？
あと固ゆで味つきタマゴ。これも肉（排骨）と同じ味つけか。いわゆるオデンのタマゴと同じ味。
あとキュウリのキューちゃんのような漬け物。
白菜を漬けたもの
あと野沢菜みたいなスッパイやつ。その味の通り
酸菜《ファンツァイ》
というらしい。
うーまい。うーまい。
台湾味、気に入った。

途中駅で前の2人のとなりに地元の人がきた。
ソーリー
Where are you from?
ジャパン
オーニッポンネ♪
とても楽しそうだ。
フジサンノボリマシタ。アト…ヨコハマ？ソレト
えースゴーイ。てか日本語上手ですね!!
ホホーーゥ
人との出会いこそ旅の醍醐味。交した言葉全てがステキな思い出となるでしょう。
ディスピクチャー…
えースゴーい♪
くるっ
ピコピコ
ピコピコピコ
シーーン
ガッガッ
ピコピコ
シーーン
ハハ♪
大丈夫!! 人見知りのひきこもりはそういうの苦手なんで。別にうらやましくなんかないんで。

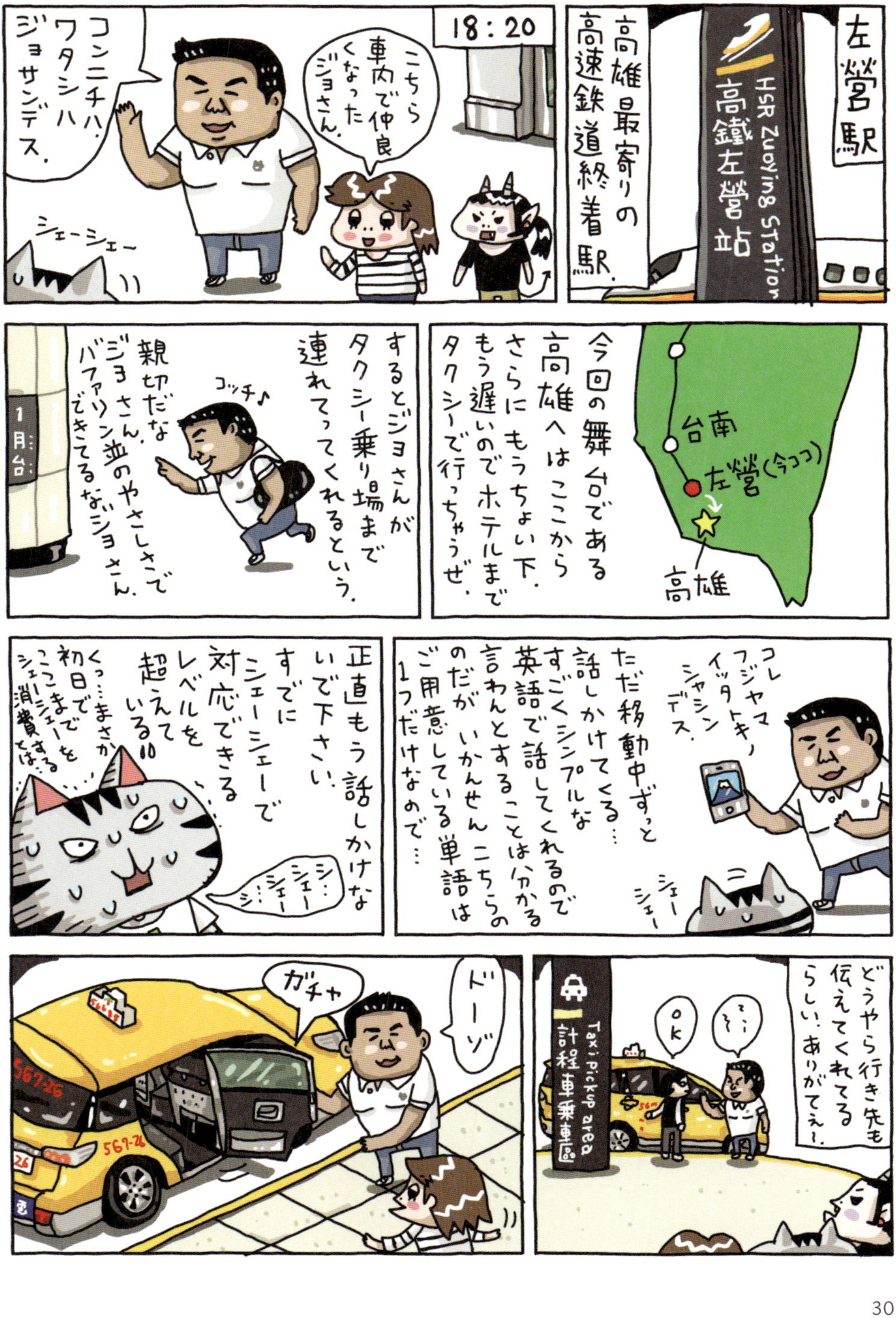

左營駅
高雄最寄りの高速鉄道終着駅。
HSR Zuoying Station
高鐵左營站
18:20
こちら車内で仲良くなったジョさん。
コンニチハ。ワタシハジョサンデス。
シェーシェー
今回の舞台である高雄へはここからさらにもうちょい下。もう遅いのでホテルまでタクシーで行っちゃうぜ。
台南
左營(今ココ)
高雄
するとジョさんがタクシー乗り場まで連れてってくれるという。
コッチ♪
親切だなジョさん。
バファリン並のやさしさでできてるなジョさん。
1月台
コレフジヤマイッタトキノシャシンデス。
ただ移動中ずっと話しかけてくる…
すごくシンプルな英語で話してくれるので言わんとすることは分かるのだが いかんせんこちらのご用意している単語は1つだけなので…
シェーシェー
正直もう話しかけないで下さい。
すでにシェーシェーで対応できるレベルを超えている!!
くっ…まさか初日でここまでシェーシェーを消費するとは…
シ…シェー…シェー…
どうやら行き先も伝えてくれてるらしい。ありがてぇ~。
ここ…
OK
Taxi pickup area
計程車乗車區
ドーゾ
ガチャ

キヨツケテ♪
シェーシェー
オレ次は真ん中な。右側席の恐怖は2度と味わいたくないから!!
先に乗らせてもらう!!
ハイハイ
ガッ
よーし!!
ダッ!!
ノーノーノー♪
ハハハハ
レディーファースト!!
ドーン
マア♡
なんだと!?
バタン
結果 再び右端の席へ。
ゴゴゴゴゴ
バーイ♪
ブロロロ〜
許すまじ
レディーファースト!!
シェーシェー
ブォーーン
キキキィ
ギャ
近い近い!!
ぶつかるぶつかる
ビビビビ
ギャーーい!!
危なヒィ

台湾に着いて思ったこと ~~100~~22選

- 暑い!! (11月なのに) 
- 日本車がいっぱいだ。 
- 結構な都会だ。 
- 意外とバナナバナナしていない。 
- 新種のタイワンシロマダラカナブンを見つけた(ウソ)
- カローラのブレーキ性能に感心した。 

- 原付が色々とスゲー (数やら乗ってる人数やら) 
- ~~変な~~キャラクターがたくさんいる。
どうやらカワイイもの好きらしい。 
- シェーシェーだけでは立ちゆかなくなる。 

- レディーファーストは許さない。 

台湾編ここが困った大変だったマンガ

読めねーし①

読めねーし②

キングシップホテル高雄
じゃあどーもお疲れさま〜、明日何時？
いや今から夜市行きますよ。
なんだと!?
まだだ!! まだ終わらんよ。
台湾に来て夜になったから寝るなんてありえません。台湾の夜といったらそう夜市なのです。ズラリと屋台が並び安くて美味しい地元のグルメが目を覚ます。台湾の夜はこれからなのです。
ELEVEN
あ、セブンイレブン発見。ちょっと買いたいものあるので寄っていいですか？
ラジャー
何か変わったものあるかなぁ？
茶葉蛋 台湾のコンビニにはたいていある。味つけ卵。
えーなにこれゆで卵？
パッと見た感じは日本のコンビニと同じだが商品がビミョーに違う。
これ気になる〜。
20
中にはパッケージごと日本と同じ商品もある。
日本語!!
あたたかい午後ティー!!
午後の紅茶
あたたかい
レモンティー
KIRIN PET345
45元
ほら「あたたかい」って書…
冷てっ!?
だからといって日本語パッケージに忠実に売られてるわけではない。

あっ あった、コレ コレ♪
これを買っとかないと。
ハイ、1人1枚選んでくださーい♪
ズラー
何これ？テレカ？
古っ!!
これは一卡通です。
一卡通《イーカートン》
これ一枚で電車もバスも船まで乗れちゃうICカード。スーパーやコンビニでも使える。残高がなくなったらチャージしてね。
※台北で買うと「悠遊卡」って名前だよ。
一卡通
ミニオン♪
チャーリーブラウン♪
カードには世界に通用する人気キャラクター達がプリントされてるよ。だからうちのキャラの一卡通はないんだよ。
ボンさんどれにします？
コレだな
LAZY 5TH
ぐでたま!?
しかもマダム!?
02
鹽埕埔站
Yanchengpu Station
ここがホテルからの最寄り駅ですね。これから毎日乗るので覚えて下さいね
ヌウー
えー 難解〜
読めないし〜
階段をおりると読めない駅の自動改札が。さっそくぐでたまの力を見せる時がきた。
ガシャコ
ピッ
Welcome
サンリオパワーON!
見たか世界に羽ばたく人気キャラの力!!
じゃなかった一卡通の力!!

地下鉄ホームは日本と似た感じ。
線路側は完全に仕切られガラスの自動ドアでガードされている。
安全だが電車がよく見えないので撮り鉄には残念な仕様。
フーノドカワイタ…
飲むなー!!
ガルッ
ギュルルルル
バチコーン
台湾の地下鉄ホームで水飲んだらテレビで実名報道されるぞー
※されません。実名報道はサイフを拾われたり道案内してもらった場合です。ホームでの水やガムは罰金。
テレビデホウドウ…
ニュースの時間です。
凶悪事件が発生しました。
本日鹽埕埔駅地下鉄ホームにて日本人と思われる女が水を飲んだ容疑で逮捕されました。
カンペ
犯人の映像が入ってきました。
LIVE
ドーーン
KANEKO
コイツです。

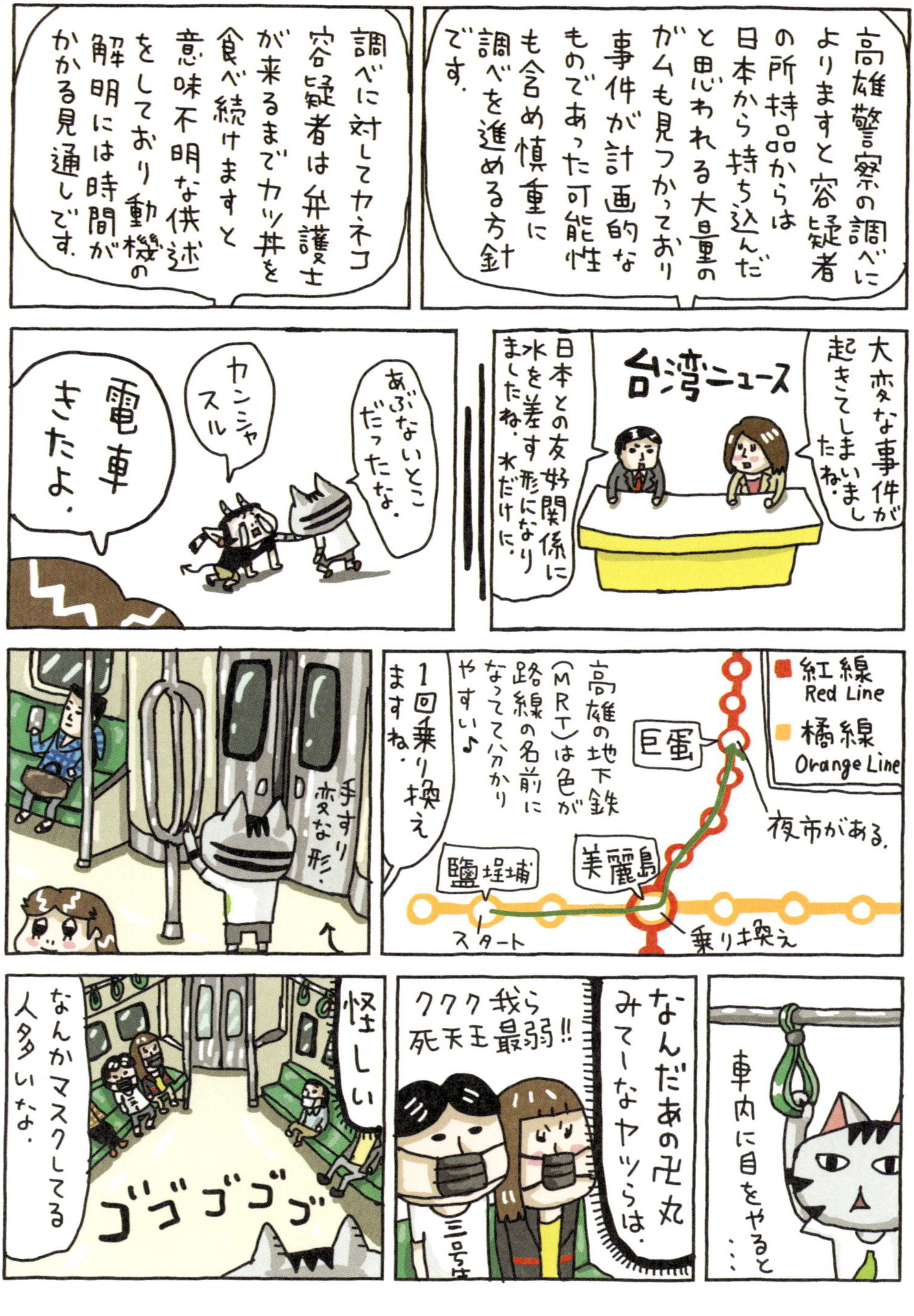

高雄警察の調べによりますと容疑者の所持品からは日本から持ち込んだと思われる大量のガムも見つかっておりものであった可能性も含め慎重に調べを進める方針です。
調べに対してカ.ネコ容疑者は弁護士が来るまでカツ丼を食べ続けますすと意味不明な供述をしており動機の解明には時間がかかる見通しです。
大変な事件が起きてしまいましたね。
台湾ニュース
日本との友好関係に水を差す形になりましたね。水だけに。
あぶないとこだったたな。
カンシャスル
電車きたよ。
紅線 Red Line
橘線 Orange Line
高雄の地下鉄(MRT)は色が路線の名前になってて分かりやすい♪
1回乗り換えますね。
巨蛋
夜市がある。
美麗島
鹽埕埔
スタート
乗り換え
手すり変な形。
車内に目をやると……
なんだあの卍丸みてーなヤツらは。
ククク我ら死天王最弱!!
三号
怪しい
なんかマスクしてる人多いな。
ゴゴゴゴゴ

巨蛋《キョタン》駅
ここから歩いて5分くらいのところに夜市があります。
巨蛋站 1
巨蛋は巨大なタマゴの意味。近くのアリーナのことらしい。
夜も遅いのに若人がいっぱい歩いてる。不良か？夜市目当ての観光客か？
Levi's
巨匠電脳
巨匠電脳
巨匠《きょしょう》：電脳《でんのう》？
巨匠電脳！〆切りまでもう時間がありません!!
ゴゴゴゴゴ
キュピーン
データハ正確デス
イヤ正確ニハアト21秒ゼロコンマ3残ッテイル。
くるっ
さすが巨匠電脳!!
ソシテ原稿ガ間ニ合ウ確率ハゼロコンマゼロパーセントダ。
巨匠電脳
巨匠ぉ〜
何してんすか〜？
台湾の看板は漢字だから英語よりは意味が分かる気がして妄想がすすむけど多分間違ってるんだろうな〜とは思う。
しかし巨匠だいぶモエっとるな…

瑞豊夜市
港都瑞豐夜市
每週二.四.五.六.日(五天)
夜市は色んな所で行われてますがここは地元色が濃くてオススメらしい。
おーにぎやかー
ザワザワ ザワザワ
すごい人だなー!! 日本のお祭りみたい。これ毎日やってんの??
ここは月水以外は毎日やってるみたいですよ。
大眾
蚵仔煎 70
蝦仁煎 70
綜合煎 70
炒米粉 40
つまりほぼ毎日がお祭り気分というわけか…楽しそうだな台湾。
金牌英仔魚蛋
原味 麻辣 咖哩
每串20元
何だか分からんけど見てるだけでも楽しめる。
ジュ〜〜
たこ焼きでかっ!?
中身コレ
エビ
カボチャ?
ブロッコリー
マッシュルーム
タコ
トマト
全部入ってんの!?
タコがいっぱい入ってはいるがたこ焼き…なのかこれは? 紙コップに入れて渡されていた。
木瓜牛乳
西瓜牛奶
芒果冰沙
草莓牛奶
芋頭牛奶
キ・ウリ キウリ牛乳… キュ…
キュウリ牛乳!?
チガウ
木瓜とは日本でいうパパイヤのこと。パパイヤは飲んだことも食べたこともない。パパじゃないけど拒絶されてる気がして…

パパイヤ牛乳も気になるがこの西瓜汁が気になる。
西瓜汁
でかっ
これ…スイカジュースってこと？
台湾ではスイカが安いので日本と違ってお手軽にスイカジュースにして飲むらしい。
台湾のスイカ
買ってみた。
スイカ色キレイ。
チューーー
うん…スイカだな。スイカ以上でもなくスイカ以下でもない。スイカをジューサーにかけた汁の味がする。
木瓜はコレかー。
ん？何か書いてある…
吸管套
謝謝配合
えーっと…吸管？吸ラクダ？あ、ストローか!!…を請う奴は？謝謝、シェーシェー配合!?
なるほどストローが欲しいヤツはアリガトウとちゃんと言ってから持っていきなさいということか。ちゃんとしとるな台湾は。
多分違う。
何これメチャメチャキレイー！
キラキラー

草莓
糖葫蘆……
草…莓…イチゴかぁへぇ～．
コレ買って。そこのでっかいヤツな。
草莓
違う。そっちのヤツ。
※
人に買わせるくせにウルサイやつ。
おお～いいねー インスタバエー♪
なんだこの黒いの？
インスタやってねぇだろ。
カリッ
固っ!? 甘っ!? あ～アメでコーティングしてるのか。あれだリンゴアメのイチゴ版だこれ。
パリ パリ グニュ グニ…
うん…うまい。アメをくだくと中からイチゴの果汁がジュワーっと出てきて…
それが意外と甘くない。例えるならトマトのような味？でも外のアメが甘いから果汁が甘くないちょうどいいバランス。
ホ～ホホ～
お～いっぱい並んでるとキレイだな…
ん？後ろで作ってるのか。
プス
ん？

……だから これきっと あえて甘くない イチゴを使ってるん だろうな。ヤルな♪
イチゴ
？
なんかイチゴとは 別に赤くて丸いものが ある。イチゴはブツブツしてて見るからに イチゴだけどあの ツルンとしたやつは もしかして…
よく見るとイチゴの 串とツルンとした赤い やつの串と2種類ある。
ゴゴゴゴゴ
糖葫蘆《タンフールー》
台湾夜市の定番名物。フルーツを串に刺して アメでコーティングしたもの。台湾ではトマトはフルーツ扱いなのでイチゴと並んで定番フルーツ。
プチトマト
プルーン
イチゴ
さらに言ってしまうとこのトマトのような味わいのイチゴの間にはさまれたキプルーンが新たな酸味を加え それによってこのイチゴの味わいに深みを与えているのだ。
カミノシタ!! ミシュラン!!
それ… トマトだぞ。
ある意味正解だった。
なんだよ〜〜。ダマされたぜ〜。
まさかイチゴじゃなくてトマトだったとは〃
でもトマトのようなって表現したオレの…
プ〜ン
くっせえ!!

なんだコレ!? なんというニオイ…
突如猛烈な悪臭が我々をおそった!!
間違いない!! これは…
モア
イ、イヌがいる!!
近くに洗ってないイヌがいるぞー
いや いないだろ…
探せぇ~~!! くさったイヌを探せぇ~~…
確かにくさったようなニオイだけど…イヌかなあ…
クンクンクン… こっちからニオうぞ
そこの角を曲がったとこに…
えーホントにいたー!?
ドーン
スゲー!!
気をつけろー 触るなよー!!
野犬は危ない病気持ってるかもしれんぞ~
しかしなんだこの後ろ姿見たことあ…
フレブルだー!!
フレンチブルドッグのクリームだー
え~♡なんでこんなとこにフレンチブルドッグが~~♪
ガバッ!!
フレブルを2匹飼っていて溺愛している。
ズザー
思いっきり触ってるぞ オイ…
あれ? どうした? 大丈夫?
フルエルホドニクサイノカ?
プルプル、
プルプル

日本に帰りたい!!
ゴーーン
初日でホームシック発症.
イヌが日本で待ってるから~~. さびしがってるに違いないからぁ(泣)!!
いやいやまだ帰れませんよ.
帰りたいーー
ちなみに留守中イヌがさびしがったことは一度もありませんでしたとさ.
自由っスー
…あれ? それはそうとこのノラフレブル…
クン クンクン
全然くさくない!?
キラーーン
週2でシャンプーしてるわ!!
しかも良く見ると首にめり込んでるけど首輪してる!!
野犬じゃねえぞコイツ!?
Laksa
この後も本編に何度もでてくるが台湾(高雄?)の飼い犬はリードをしていないw
しかもコイツこの店の看板犬だ!!
龍寶の店
しかしそれではこのくさいニオイの元は一体・・・
この客はダメだ帰る.
あっ
ギャ!!
どしたカネコさん!?

ゴゴゴ
ニオイノモトハ・・・
コイツダー
麻辣
臭豆腐
ゴーーーン
自称キター!!
何だこれ…クサドーフ!?
ビジュアルも中々だがニオイがヤバ過ぎる。
臭豆腐
くっさい豆腐。
以上、それしかいえないしそれが全て。何とか菌の発酵汁に豆腐を漬け込むことによってアミノ酸がどうのこうのといった理屈を吹き飛ばすくっさい豆腐です。
食べてる人いるぞ…
アーーーン
モァ〜…
ハフハフハフハフ
た…食べてみる?
え?ええぇ〜…

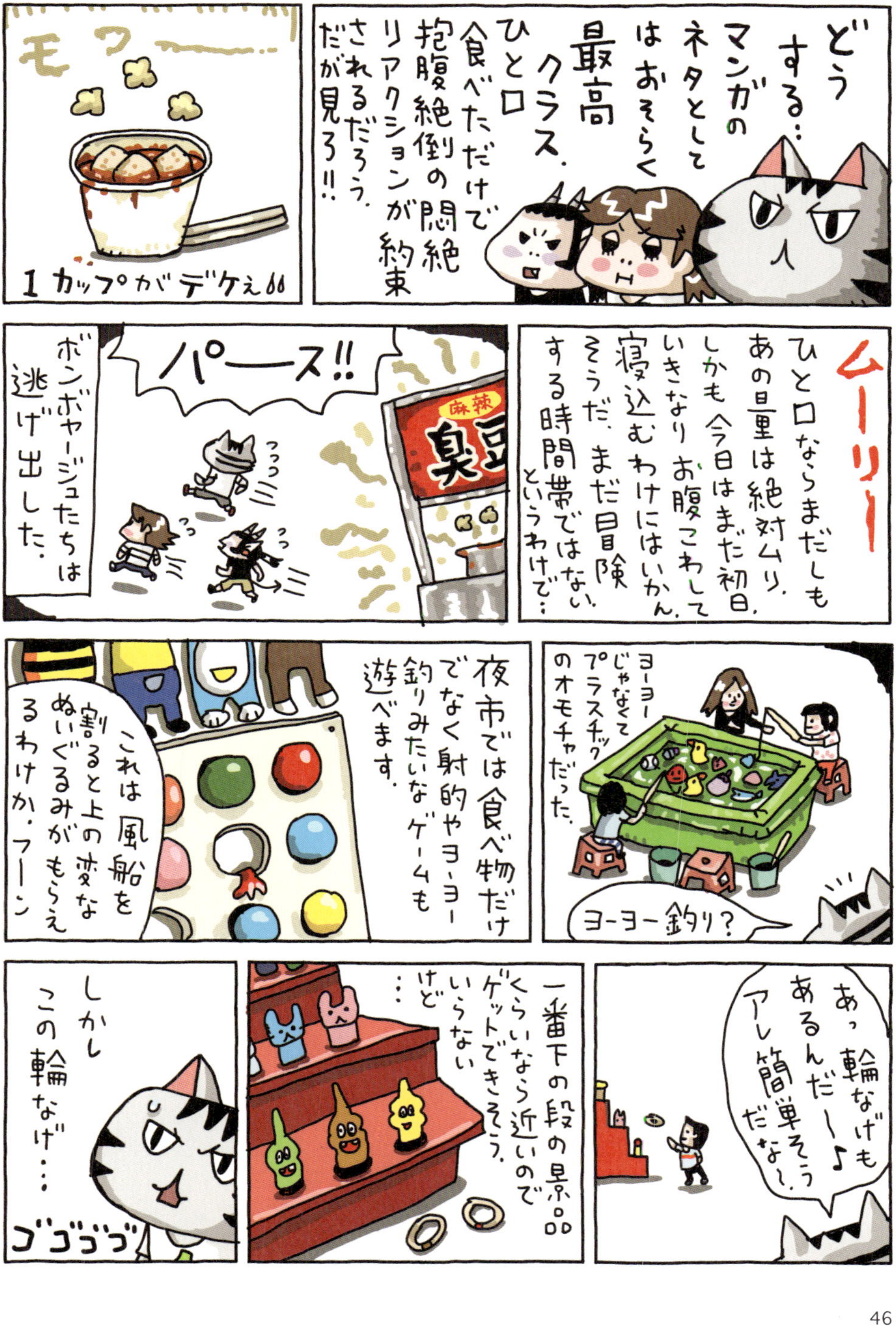
どうする…マンガのネタとしてはおそらく最高クラス。ひと口食べただけで抱腹絶倒の悶絶リアクションが約束されるだろう。だが見ろ!!
モワーー…
1カップがデケぇ!!
ムーリー
ひと口ならまだしもあの量は絶対ムリ。しかも今日はまだ初日。いきなりお腹こわして寝込むわけにはいかん。そうだ、まだ冒険する時間帯ではない。というわけで…
パース!!
臭豆
ボンボヤージュたちは逃げ出した。
ヨーヨーじゃなくてプラスチックのオモチャだった。
ヨーヨー釣り？
夜市では食べ物だけでなく射的やヨーヨー釣りみたいなゲームも遊べます。
これは風船を割ると上の変なぬいぐるみがもらえるわけか・フーン
あっ輪なげもあるんだ〜♪アレ簡単そうだな〜。
一番下の段の景品くらいなら近いのでゲットできそう。いらないけど…
しかしこの輪なげ…
ゴゴゴゴ

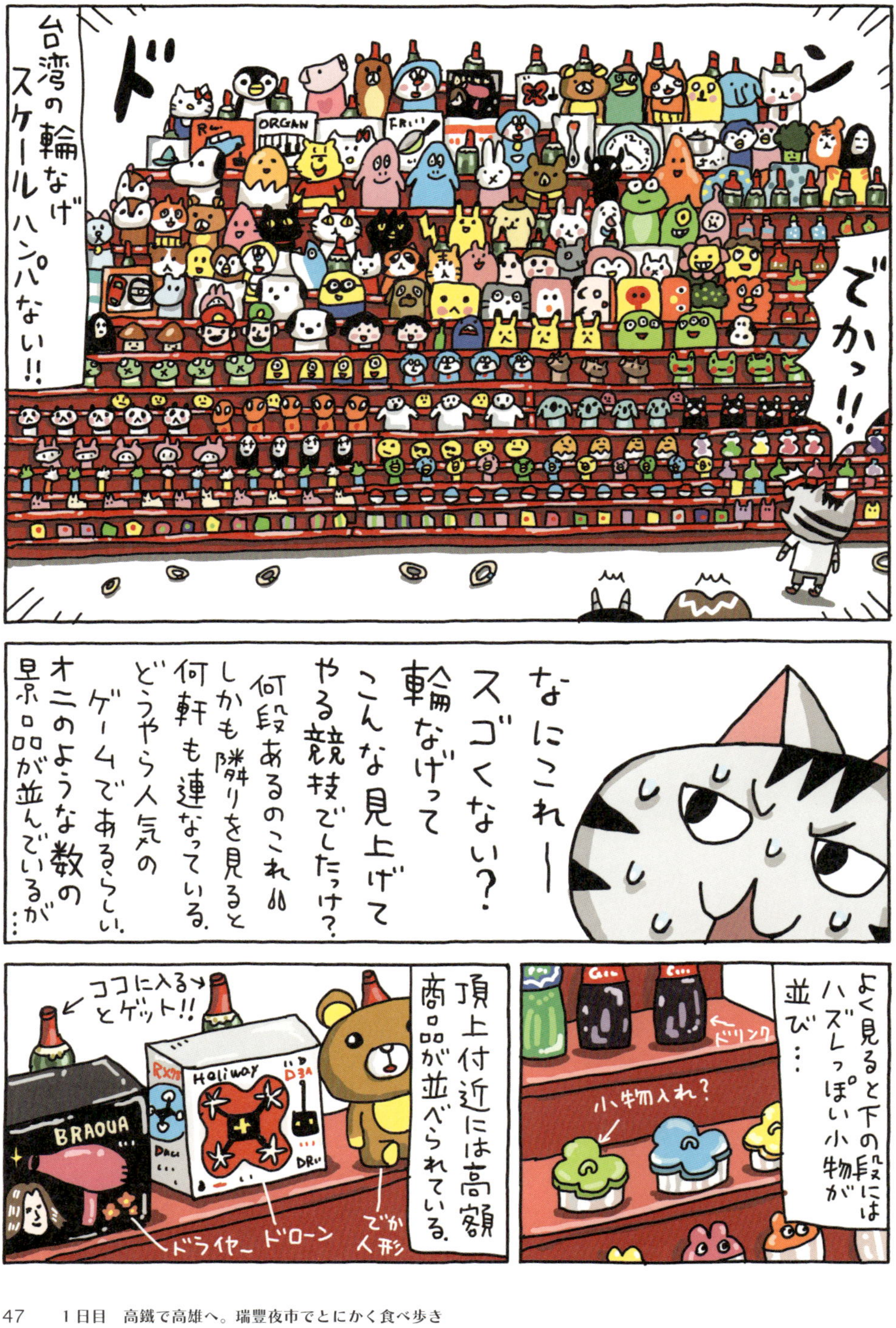

ドン
でかっ!!
台湾の輪なげスケールハンパない!!
なにこれー
スゴくない?
輪なげって
こんな見上げて
やる競技でしたっけ?
何段あるのこれ
しかも隣りを見ると
何軒も連なっている。
どうやら人気の
ゲームであるらしい。
オニのような数の
景品が並んでいるが…
よく見ると下の段には
ハズレっぽい小物が
並び…
ドリンク
小物入れ?
頂上付近には高額
商品が並べられている。
ココに入るとゲット!!
ドライヤー
ドローン
でか人形

でも一番上とかこれ届かないでしょ!!
ヒュオ
ヒュン
ヒュン
いや‥意外と届いてるな…
こんなオバちゃんでも一番上まで飛ばしてる!!
ピッ
輪なげの輪は1回分ごとに木の棒に通されていて慣れた人はこの棒片手に1個ずつ抜いて投げている。
慣れてない人は洗面器やカゴに入ったものもある。
観光客も投げているが結構地元の人が高額商品狙ってる本気チャレンジしてるようにも見える。
エイ!!
トォー!!
何回やってんのあのオバちゃん!!
あんなオバちゃんでも簡単そうにやってるしちょっとやってみようかな。
じゃあ1回分買ってきますね♪
カゴに入ったやつにした。
山盛り
スゴい数だな!!

ハイ これ。
ビデオで激写しといて
高額商品ゲットの瞬間を頼むぜ♪
リョーカイ
結構小さいな。
シュ
シュ
すっ
ピッ
コツとしては手首のスナップをきかせてコンパクトに投げる…と見た。
いくぜ？
すっ
ヘロヘロ〜
ピッ
ガッ
とう!!
あ!!
ヘロ〜ン
ヘロ〜ン
ヘロ〜ン
あ
あ
ヤバい…全然上まで飛ばない!!
なぜだあー
シューン
もっと飛ばしてくれないと〜
ビデオノムダ。
うるさい!!

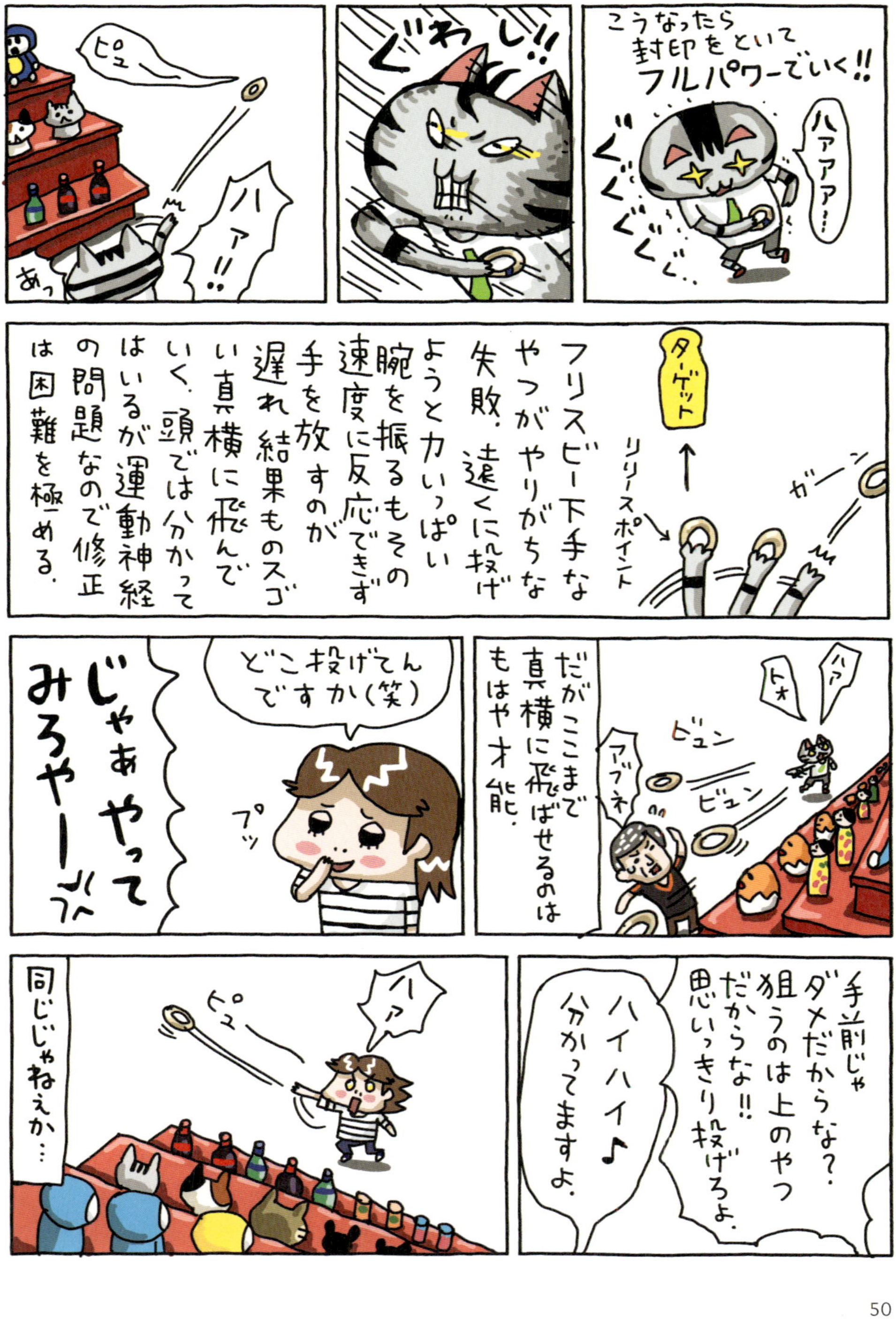
こうなったら封印をといてフルパワーでいく!!
ハァアアア…
ぐぐぐぐぐぐ…
ぐわし!!
ピュ
ハァー!!
あっ
フリスビー下手なやつがやりがちな失敗。遠くに投げようと力いっぱい腕を振るもその速度に反応できず手を放すのが遅れ結果ものスゴい真横に飛んでいく。頭では分かってはいるが運動神経の問題なので修正は困難を極める。
ターゲット
リリースポイント
ガーン
ハァ
トォ
ビュン
ビュン
アブネ
だがここまで真横に飛ばせるのはもはや才能。
どこ投げてんですか(笑)
プッ
じゃあやってみろやー!!
手前じゃダメだからな?狙うのは上のやつだからな!!思いっきり投げろよ。
ハイハイ♪分かってますよ。
ハァ
ピュー
同じじゃねえか…

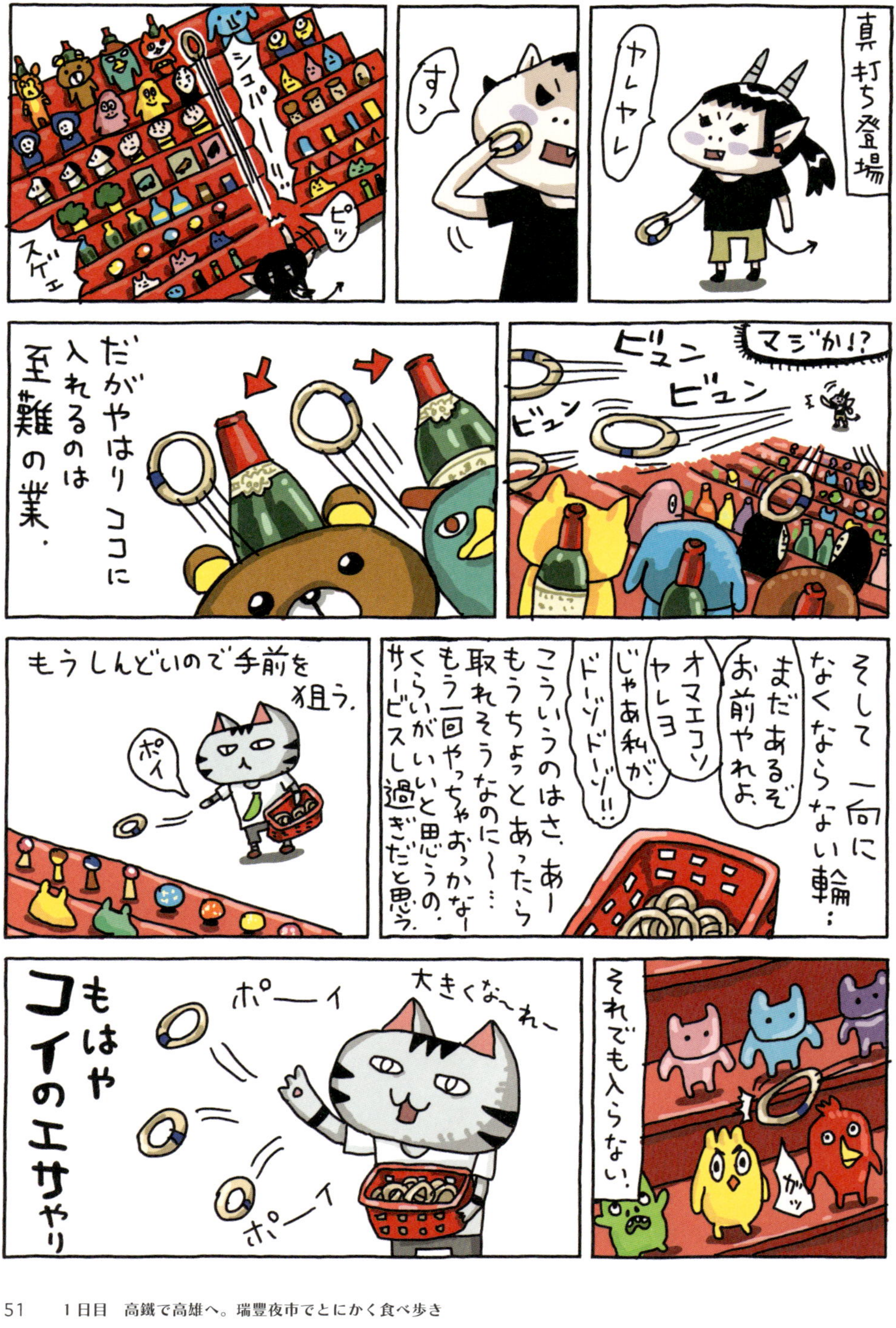
真打ち登場
ヤレヤレ
すっ
シュパー!!
ピッ
スゲェ
だがやはりココに入れるのは至難の業.
マジか!?
ビュン
ビュン
ビュン
そして一向になくならない輪…
まだあるぞお前やれよ、
オマエコソヤレヨ
じゃあ私が.
ドーゾドーゾ!!
こういうのはさ、あーもうちょっとあったら取れそうなのに〜…もう一回やっちゃおっかなー くらいがいいと思うの.サービスし過ぎだと思う.
もうしんどいので手前を狙う.
ポイ
もはやコイのエサやり
ポーーイ
大きくな〜れ〜
ポーーイ
それでも入らない.
ガッ

その時である!!
カッ
ミラクル発生
スポーン
スプライトゲットー!!
ウオー!!
見たか!! 今のスーパースロー♪
さっきのシーン後日DVDに焼いて付録にしよーぜ♪
いない…だと?
あっ!!とってるー
どこ行ってた
ちょっと真横に飛んでいった輪を探しに行ってました。
ビデオ撮ってたんだろうな!!
スマン
オイ
その後ただひたすらに投げ続けるもミラクル2は起こらず深夜の台湾輪なげ大会は終了した。
ハァ ハァ ハァ ハァ
ドライヤー
ドローン
ワイン
ラジコン
キーボード
ニセリラックマ
ニセドラえもん
食べ歩き再開
でかいイカ焼きー
大王イカか!?
でかいトリのから揚げ〜
ジャーンボー
ザクザクザクザク

ドーゾ
シェーシェー
試食もらっちゃった。
何だコレ？…
ギャー
足ぃ——!?
ドーン
トリの足
日本ではその形からモミジとも呼ばれゼラチン質が豊富なことからスープと一緒に煮込んで固めたものを細かく切ってギョーザに入れることで焼くと皮の中から溶けたスープがあふれ出すというのを昔ミスター味っ子がやっていた。
いや——〃
ムリムリムリー
ヒィイー
あ〜〜こういう系かぁ〜ダメなんだよ〜レバーも食べられないし、まして足などムリ。
店の横ではオジさんが皿に盛られた大量の足をチューチュー吸っていた。
チュ〜チュ〜
見た目はアレだけど味は美味しい。
イケル
エェー——
めっちゃ食べてる!?
トリカワダナ。
ムリムリ絶対ムリ〃
オレ昔ブンチョウとか飼ってたから〃
さっきトリのから揚げかぶりついてたでしょーが。
から揚げは美味しいからしょーがない。

それが証拠に
見ろ!!
トリ肌立った
だろうが!!
トリだけに.
あぁ〜ん
かといって
もらってしまった
ものを捨ててしまう
わけにもいかず
意を決して
いただきマンモス!!
ぐにぃ
あーブニブニして
いるぅ〜でも味は
焼き鳥タレ味〜.
ブニブニブニ
足と思わなければ
オツマミとして
マンモスうれピー!!
完食ー!!
ゲゲッ
うわっ何これ
キモい.
原味
燒酒螺
虫!?
虫じゃなくて小さい巻き
貝を味つけしたものだった..
やってなかったけど
オシャレな店
哇・青蛙下蛋
士林王記瑞豐分店
Wow Frog eggs
ああ
…あおガエル
下カイコ
てきとーに
読むのヤメロ。

狀元糕
民俗技藝餐點
純米製造
民俗技？
純米製造？
何これ？
純米製造
バババババ
ササッ
シャシャ
ものスゴい速さで何かを作っている。あとで調べたところ白玉粉を蒸した伝統的なお菓子だったらしいが速さがスゴい。
ギュギュ
空き缶？みたいなやつに白い粉を詰めて具を入れて…
カポ
変テコなフタをのせて…
プシュー
スチーム台座？に差して蒸して
ポコ
ぐいっ
下から棒を差すと固まったやつが抜けて…
ハイでき上がり
ピーナッツ
って何じゃコリャ!?
一粒？10元？安いな。
花生 Peanut powder
芝麻 Sesame Powder
肉燥 Minced pork
毎粒10元
最少買兩粒
ろっください、
速くてよく分からなかったのでもう一回見るため買ってみる。
カパッギュギュズボッモワーぐいカポ・ポイ!!
バババババ
速っ!!やっぱり分からん。
ゴマ
あちち
いただきます。
ハフハフ…何これ米？
モチ？
固まってない団子？
食べてもよく分からないけど素朴な味わいです。

フラフラ〜
フラ〜
フラフラ〜
フ〜〜 もっとゴハンものとかメン類とかいっぱい食べようと思ってたけど意外と食べられないもんだなぁ〜
それはねSUZUくん…
もう夜中の1時だからだよ。
目赤いですよボンさん
お前もな〜!! それより聞け。台湾は時差で日本より1時間遅い。なので日本から来た我々の感覚では今は夜中の2時!! つまり君たちは通常イヌの散歩以外は外出しないひきこもりの権威を朝から恐怖の乗り物飛行機に3時間乗せたあげく人見知りなのに見知らぬ国を夜中の2時まで連れまわすという異常な行い
TEASHOP
ハイハイ分かりました。ホテルに帰って休ませればいいんでしょ。その前にこの時点ではまだだけどこの後日本で大ブームになる台湾発祥タピオカミルクティーを最後に買わせてくださいな。
ちなみにこっちの人は学食のオバちゃんかというほど量をサービス?してくれる。
フタないとこぼれるな。
↗コンビニのゼリーみたいなフタ。
台湾はドリンク注文の際に砂糖と氷の量を選ぶのが一般的らしい! 特に砂糖はスタンダードの正常が正常な甘さではないらしいので注意!!
日本人の感覚だと激甘。
糖 SUGAR
正常10分 standard
少糖7分(70%) less sugar
半糖5分(50%) half sugar
微糖3分(30%) low/light sugar
無糖 no sugar
半糖5分ニシタ
チュ〜〜
本場のタピオカミルクティー どう?

“半糖”デ“分アマイ”
アマクテウマイ♥
黒糖コーヒーも美味しいですよ♪
ゴーーン
ボンさん何にしたんですか？
紫色夢幻パープルファンタジー
何ソレ
オイシイノカ？
スプライトだよ、
どうして分かるかというと目の前で思いっきりスプライト入れてシロップで色つけてたから…
ダバダバ〜
もしも私が台湾の言葉を話せたならこう言っただろう…
スプライトなら持っています…と。
よーし!! じゃあホテルに戻って今日は寝ますか！
ヤッター!!
やっと寝られるぅ、疲れたぁ〜
道に迷う
どこにも巨匠電脳がいない…
来る時5分で来れたのに…
キレる
もうイヤぁ〜 コシが折れるぅ〜
足もモゲる〜
ハァハァ
ひきこもりが1日に歩行可能な歩数をはるかに超過してるんじゃ〜 延滞料金が大変な金額になっとるんじゃ〜
もうここで寝るキィー!!
タクシー我々をホテルに導いてくれ〜
んごぉおー
スーパーハードな台湾1日目終了

台湾でボンボヤさんがオッ!!っと思ったもの写真館.

おーいこっちおいでよ〜 招きかたがヌルいネコ.

電脳界の巨匠と世界の狂龍先生がコラボ!!

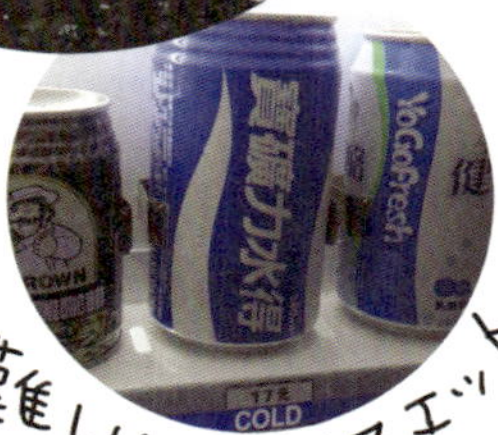

難しいポカリスエット

超甘いミカン

日本風味

頸椎を齧られそうな名前.

イヌ乗ってる!!

この人は…

すごくパンを持っている.

野生の鳥を売っているのか生の野鳥を扱っているのか…

スプライト

タピオカミルクティーについて

シェーシェーこんにちは．本日皆さんと勉強したいのはタピオカミルクティーについてです．日本で現在何度目かのソニックブームになっているタピオカミルクティーですが その発祥が台湾であることを皆さん ご存知でしょうか．ちなみに台湾バナナも台湾発祥です．えーマジ卍？…使い方合ってる？
そんな全国の女子高生を中心に人気となっているタピオカミルクティーですがあれってなんなのか皆さんご存知ですか？なんなのかってミルクティーにタピオカを入れた飲み物でしょ？そうです．ではタピオカとはなんなのか説明できますか？タピオカとは7月から9月の間に熱帯地域でとれる新鮮なアマガエルの．え？違う？あ．大きめのガマガエルの…それも違う…えっとなになにタピオカとはキャッサバの根から製造したデンプンのことである？ヤバい．謎が謎を呼ぶパターンきた．タピオカと戦ってたら新たにキャッサバが現れた．キャッサバは仲間になりたそうにこちらを見ている．どうしますか？すりおろしてタピオカにする．
よく分からんがキャッサバとは魚じゃなくてイモであるようです．それ以上のことは各自研究してください．とにかくそのデンプンがタピオカ粉であり．さらにそれを丸めたものがタピオカパールと呼ばれるもののようです．
タピオカミルクティーに入っているのはそのパール状のものです．つまり分かりやすく例えると北海道のマリモはあの丸っこいのがマリモって言われてるけどほんとはその中の1本1本がマリモで丸っこいのはそれがたくさん集まった集合体なんだよね．みんながマリモって呼んでるのはホントはキングマリーモなんだよね．でもやっぱりあの丸いやつをマリモって言っちゃうよねテヘペロ♪ この例え必要か？とにかくタピオカミルクティーに入っているのは正確にはタピオカじゃなくてタピオカパールであると言えるのではないでしょうか．ぜひこのことをデートで彼女に「ねぇ〜知ってるぅ〜？…」と豆しば風に教えてあげてください．きっとえーマジ卍？とおどろかれることうけあいです．それでは
シェーシェー さようなら!!

フライトシミュレーター発見。200円也

なんでか出発前にジャパン体感中

羽田空港に日本橋があるのご存知？

台北到着！暑い！日射しが南国！

松山空港にてお水を汲んでみてるの図

久しぶりの海外旅行、楽しみ〜

台湾の駅弁は、ほかほか出来たてだよ

すごいおっきな吹き抜け。圧倒される

台北駅に着いた。少し歩いてみるよ

さっそくお弁当を食べましょう♪

色は違うけど日本の新幹線とほぼ同じ

高鐵の乗り放題チケットをゲット

Photo diary 照片日記

コンビニで一卡通カードをゲット

駅からタクシー乗ってホテル到着！

八角のきいた茶色弁当。美味しい

高雄でまるちゃんに歓迎された

あ、地図の感じ日本と似てるね

地下鉄駅にて路線図確認中

のど渇いたので、さっそくスイカジュース

そして、瑞豐夜市に到着！激混み！

地下鉄内で水は飲んじゃダメだからね

タツマキ！？じゃないか…。似てるなぁ

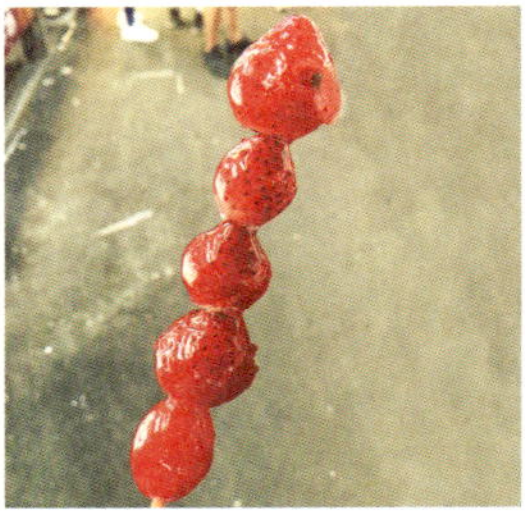

イチゴの飴がけだね…ん？トマト？

なんだろ、コレ。イチゴかな？

※「タツマキ」は、ボンボヤージュ家のフレンチブルドッグの名前ね。

タピオカミルクティーは黒糖のヤツが好き

コイツか。あのニオイの正体は

熱心によそのフレブルを撮影するボン氏

あれ?ココさっき通ったっけ?違う?

鶏排、パリパリでめっちゃ美味しい。

タダでいただいちゃった鶏の足

金曜の夜だからか 12 時過ぎでこの混雑

看板の文字、わかるようでわからない

輪投げは案外難しい。ボンくんスゴイ

ふむふむ、やっぱ夕食安上がりだったな

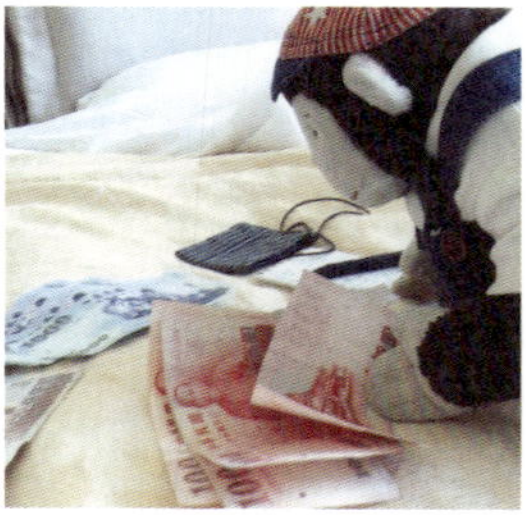

えっと屋台であれ買って残りが…

お財布係。毎晩のチェックは欠かせない

Photo diary 照片日記

貳

2日目
強烈パワースポット
蓮池潭と龍虎塔、
そして旗津へ

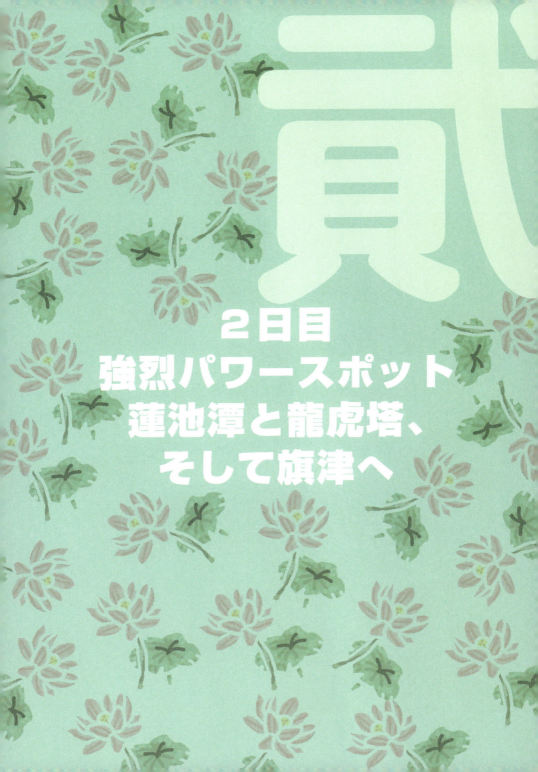

2日目
魯肉飯
ボ〜…
るーろーはん。
台湾2日目、第一声はるーろーはんでスタート。
ホテルの食堂
おはようございます。カネコさんは食券忘れて取りに戻ったので遅れてきます。
フーン。
そんなことより聞いてくれよ。朝起きたら原因不明の右肩の痛みが発生してさぁ!! だから今日は大事をとって一日ホテルでのんびりし…
輪なげです。今日も歩きますよー
先にゴハン取りに行っちゃいますか。
ホテルはやっぱバイキングだな♪
あっ、枝豆だ〜 そっちはピーナッツだ〜（皮つき）
台湾の人は朝から枝豆やピーナッツを食べるのか？しかし外国だから珍しくて得体の知れない豆とか出てくるかと思ったら日本とあんま変わらないんだな…
漬物もほらキューリのキューちゃんだし。これ昨日の弁当にも入ってたぜ。
キューちゃんではないけどな。

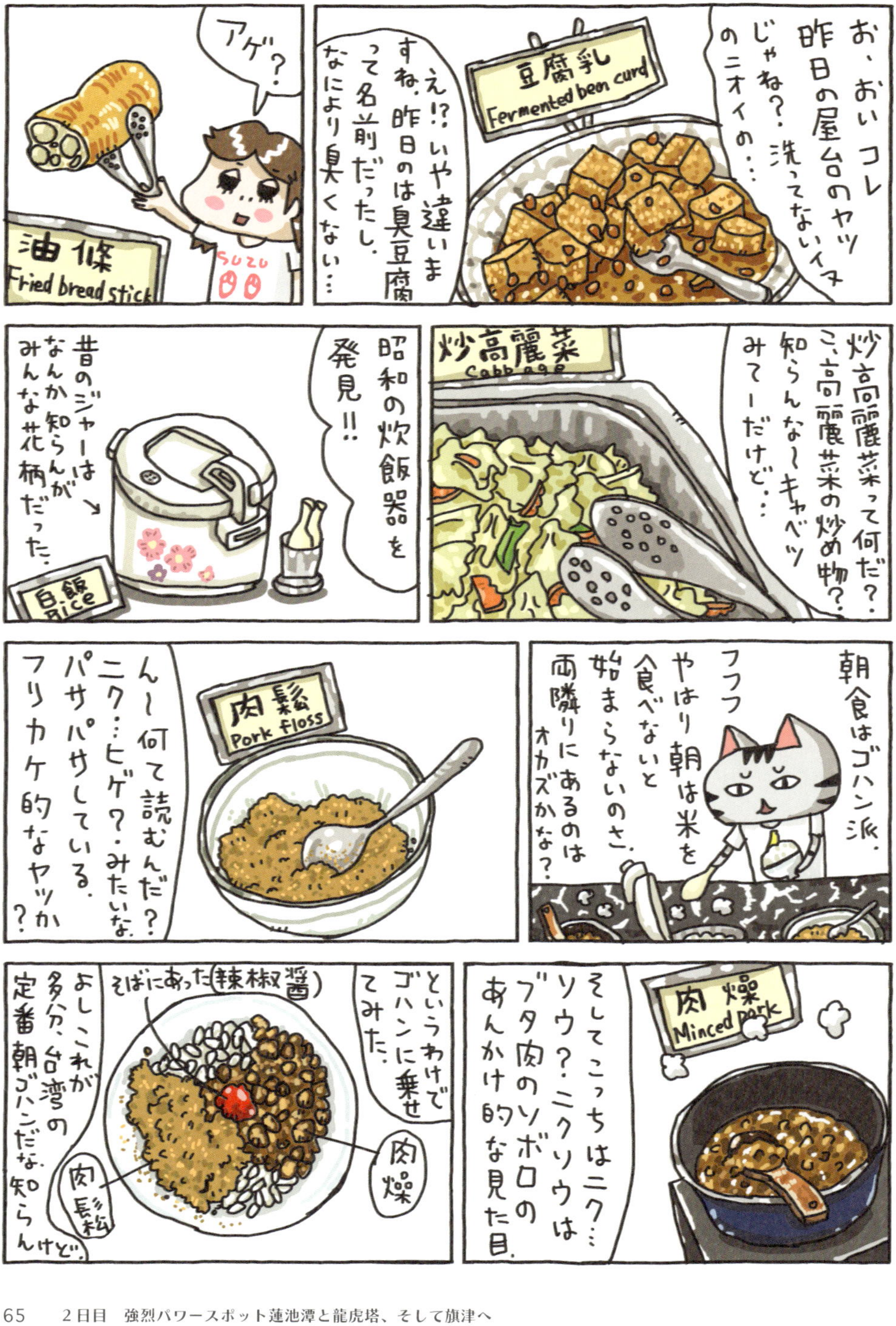
お、おいコレ
昨日の屋台のヤツ
じゃね？ 洗ってないイヌ
のニオイの…
豆腐乳
Fermented bean curd
え!? いや違いま
すね。昨日のは臭豆腐
って名前だったし。
なにより臭くない…
アゲ？
油條
Fried bread stick
SUZU
炒高麗菜って何だ？
こ、高麗菜の炒め物？
知らんな〜キャベツ
みて〜だけど…
炒高麗菜
Cabbage
昭和の炊飯器を
発見!!
昔のジャーは
なんか知らんが
みんな花柄だった。→
白飯
Rice
朝食はゴハン派。
フフフ
やはり朝は米を
食べないと
始まらないのさ。
両隣りにあるのは
オカズかな？
肉鬆
Pork floss
ん〜何て読むんだ？
ニク…ヒゲ？ みたいな。
パサパサしている。
フリカケ的なヤツか？
肉燥
Minced pork
そしてこっちはニク…
ソウ？ ニクソウは
ブタ肉のソボロの
あんかけ的な見た目。
というわけで
ゴハンに乗せ
てみた。
そばにあった(辣椒醤)
肉燥
肉鬆
よしこれが
多分、台湾の
定番朝ゴハンだな。知らんけど。

肉まんかな♪
角煮まんかな♪
黄色いフルーツたち
こんなに黄色いのに
バナナが無い…
完成!!台湾的朝食
(多分な)
では♪
いただきま…
パァーン!!
パン!!パパン!!
?
ザッ
シャシャ!!
パンパン!!パパン!!
テロ発生ー!!
だから外国は危ないって言ったのにぃ!!
安全な自宅編がいいって言ったのにぃーー
それを旅ボンは海外編の方が売れるからってムリヤリ連れて来られて
オーマイガー
その結果がコレですよー!!うわーん…
ん〜何だろ
人がいっぱい集まってるみたいです
ね〜。
窓に近づくな!!
スナイパーに狙われるぞ!!
んーなんか
みんな正装してますよ?
テロにしてはみんな落ちついてるけど。
じ・じゃあアレだ!!
ギャングの抗争だ!!
ヤツらはオシャレに気を使う上に「ブッ殺す」と心の中で思ったならその時スデに行動は終わっているくらいに冷静で慌てることのない連中だからな!!

くんくんくん
何ですかソレ?
さっきの豆腐乳ってヤツ!.
なんかクセがありそう…
モグモグ…沖縄で食べた豆腐ようみたいな味がする.チーズのようなクセとコク.おつまみ系?
発酵してそうですもんね.
肉マンかな♪角煮マンかな♪と思ってたが味のしない黄色い生地が入った黄色い生地マンだった…
ゴハンみたいにオカズと一緒に食べてねっていうことか?
油條は揚げパンだよ♪
フランスパン?
油條って書いてありましたけど、豆乳の隣りにあったので入れてみました。
合ってんの?その組み合わせ…
そこは投入してみましただろ.豆乳だけに.
うーむ…油っこいコーンフレークという感じか…
BGM
チャラララ〜♪
チャラリラ〜♪
この曲知ってる!!テレサテンじゃね?
昭和の名曲『別れの予感』じゃね?.
テレサテンは台湾出身の歌手だからね!!
泣き出して〜
離開阮身〜♪
台湾語(?)バージョンか〜い.
でしょーね
デハホンジツノヨテイヲドーゾ.
本日2日目は高雄屈指の観光スポット蓮池潭《レンチタン》という池へ行ってみたいと思います。色々と見どころ満載らしいのでグルっと歩いてみましょう♪
各自部屋で休

ざっくりテキトー図解
高雄に来たならこの池へ行け!!
蓮池潭
池だけに!!
左營駅
スタート
哈囉市場
天府宮
北極玄天上帝
春秋閣
龍虎塔
蓮池潭
高雄物産館
ゴール
また歩くのかよ～ でも池ならすぐ1周できるか♪
池っていってもかなり大きいみたいですよ。普通はバスで巡るようなコースらしいので。
じゃあバスで巡ろうぜー!!
却下。なんかねぇ～色々デッカイのがいるらしいんですがとりあえず外せないのは…
?
台湾
ブルルン
ドドーン
高雄ナンバー1のパワースポット
龍 虎 塔
龍の口から入って虎の口から出るだけでグッ
パワースポット
インスタバエル
ロンフーター
龍虎塔ー!!
おいモザイクかかってるぞ!! まさか熱海秘宝館みたいなとこじゃないだろうな!! 旅ボンは良い子も読んでくれてるんだからそういうのダメだからな!! 夜のパワースポットとかそういうのNGだからな!!
ネタバレだから隠しただけです。

堀江商場
昨日も電車で
見かけたが
台湾には
マスクしてる人
が結構いる。
中でも
気になるのがこの
黒いマスク。怪しい。
でも流行してるのか?
買ってみた。
お得な3枚セット
日本でも近年は
風邪ひいてるわけでは
なくてマスクしてる人が
いるが(顔隠し?スッピン
隠し?)
個人的
に
マスクは
息苦しいイメージなので
病気以外で したこと
ないんだけどな〜…
ピカー
こ、これはー!?
なんという
匿名感!!
マスクをして
口元を隠すだけ
で誰が誰だか
まったく分からない。
まるで頭に
かぶると道端の
石ころのように
周りから存在が
認識されなくな
るドラえもんの
ひみつ道具
「石ころぼうし」
のようであるぞ!!
ケケケケ
今なら
しずかちゃんの
風呂をのぞいたり
Amazonの旅ボン
レビューに一般読者
を装って『旅ボンは
字が大きくていつも
読みやすいですサイコー』
とか書き込んでも
バレない気がする。
バレるよ。
実際は
めっちゃ
悪目立ち
してるしな。
アヤシイ
クロ
マスク。

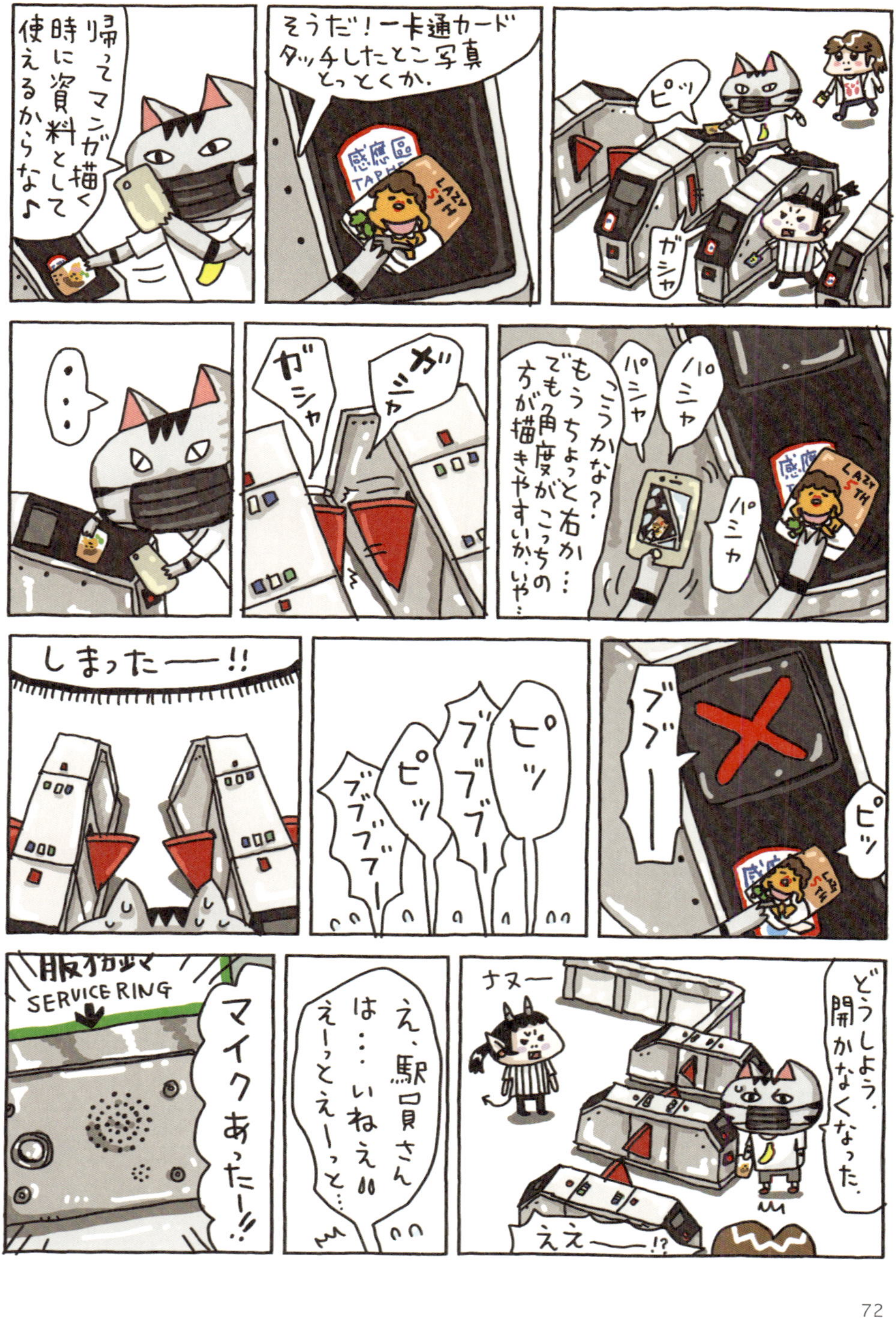
帰ってマンガ描く時に資料として使えるからな♪
そうだ！一卡通カードタッチしたとこ写真とっとくか．
ピッ
ガシャ
パシャ
パシャ
パシャ
こうかな？もうちょっと右か…でも角度がこっちの方が描きやすいか，いや…
ガシャ
ガシャ
…
ピッ
ブブー
ピッ
ブブブー
ピッ
ブブブブー
しまった——!!
どうしよう，開かなくなった．
ナヌー
ええ——!?
え、駅員さんは…いねえ!!えーっとえーっと…
服務鈴
SERVICE RING
マイクあった—!!

よーーし
服務鈴 SERVICE RING
…
服務鈴 SERVICE RI
台湾語しゃべれない。
ゴーン
だよね。
こういう時は カタコト英語で 大丈夫ですよ!!
私におまかせ♪ 何て言いますか?
え〜〜っと… カードをタッチしたままにしていたらゲートが閉まって開かなくなってしまいました。
ちなみにどうしてタッチしたままにしてたかというと決してイタズラ目的とかではなくマンガを描く時の資料として、あ、ワタクシ日本でイラストレーターをしておりますボンボヤージュと申しましてこの度台湾を題材にしたマンガを描くことになり、いやもちろん批判的な内容はNGだというここであればもう
長げーよ
ハンタイガワノ カイサツニ エキイン イマスゼ。
でかした!!
そっち行こ。
あ〜ゲート・オープン…プリーズ…
やはり人と人は対面して話すのが大事よね。
ガシャ
ピッ
シェシェ〜♪
みんなもカードのタッチし過ぎには気をつけてくれよな♪

ガタゴトーーン
美麗島
美麗島駅
昨日もこの駅で乗り換えて夜市に行きました。
今日もここで乗り換えるんですけど ちょっと駅構内に有名スポットがあるので見に行ってもいいですか？・実はこの駅…
ニューヨーカーが夢見る世界で最も美しい地下鉄駅ランキング堂々の2位を獲得しているのですーー!!
ちょっと何言ってるのか よく分からない。
まあな。
だがひとつだけ確かなことはそのランキングオレが認めても相川七瀬は決して認めんだろうなということだ。
あと織田哲郎もな。
ちなみに1位はどこだ？
立川か？
何で立川…絶対違うわ。いや立川もキレイな駅ですけどね!!って オイ!!
構内中央にそれはある。
オオーすごーい、キレイ♪

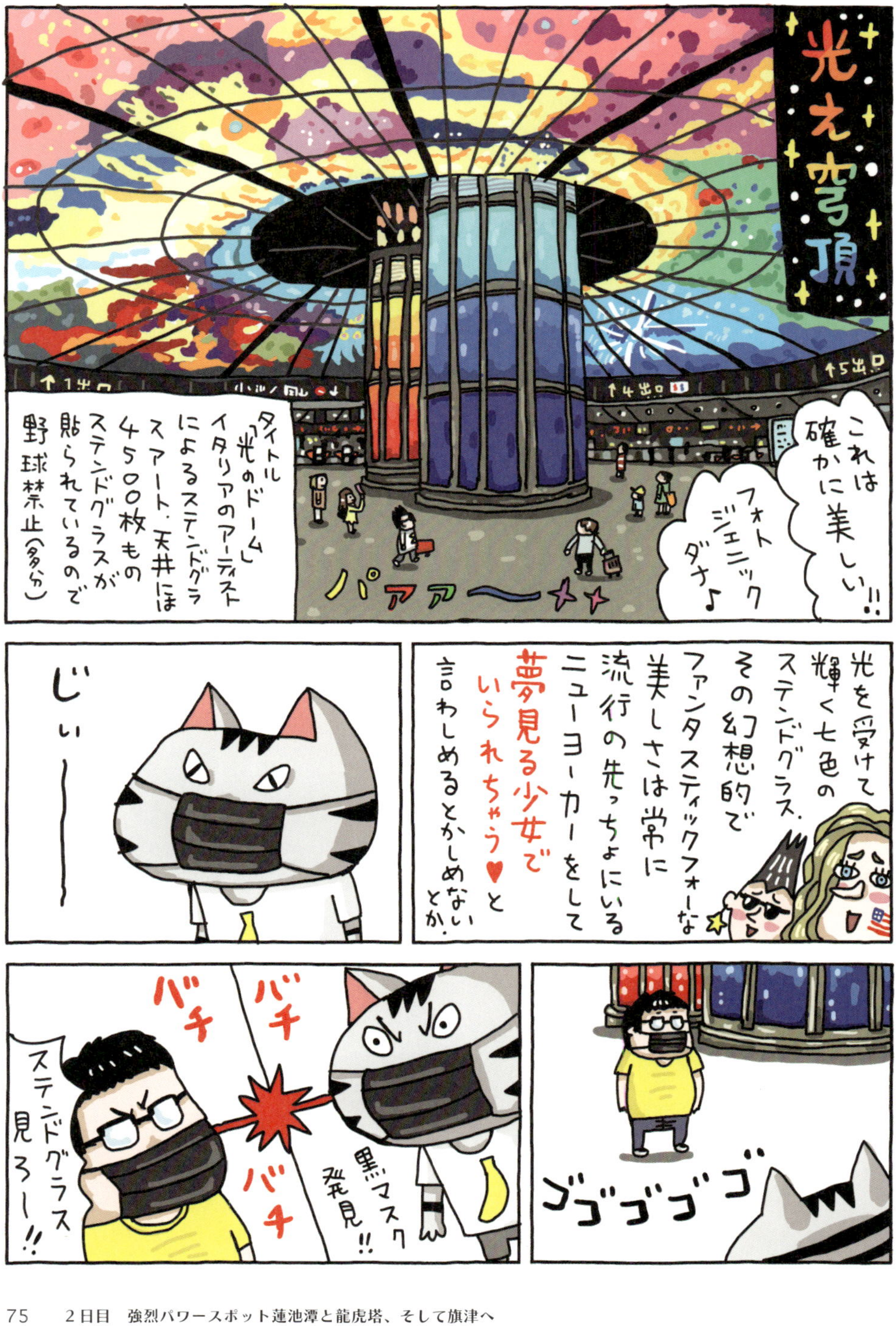
光之穹頂
これは確かに美しい!!
フォトジェニックダナ♪
タイトル「光のドーム」イタリアのアーティストによるステンドグラスアート。天井には4500枚ものステンドグラスが貼られているので野球禁止(多分)
パァアー
光を受けて輝く七色のステンドグラス、その幻想的でファンタスティックフォーな美しさは常に流行の先っちょにいるニューヨーカーをして夢見る少女でいられちゃう♥と言わしめるとかしめないとか。
じぃーーー
ゴゴゴゴゴ
黒マスク発見!!
バチ
バチ
バチ
ステンドグラス見ろーー!!

左營駅
隣りは新左營駅しゃれおつ
左營站
んーバスもあるけど歩いていけそうな距離だし…やっぱり歩きますか。
バスでもいいのよ？全部バス移動でもかまわないのよ？
この辺もそうだけど高雄はこの古びた感じが良いな♪非常に味がある。
正將
冷氣
保養修理
新品買賣
各種電器
冷…電器…修理…クーラーと見た!!
なんかスゲー人だかりできてるぞあそこ。
ザワ ザワ ザワ ザワ ザワ
市場ですかね？行ってみます？
3把50
26 1斤
1粒10
10 1斤
野菜いろいろあるな〜
白いゴーヤ!?
野菜や果物以外に魚なども並んでいる。
冷し方雑だなオイ!!
ところでバナナはないのか、今回の旅の主役台湾バナナは？
旅の主役ではないけれど売ってるの見つけたら買ってみましょうか。

しかしやっぱり台湾暑いですね…11月とは思えん。
上着脱ごっと。
見ろ。地元の犬もバテて寝ているぞ。
ダリ〜〜
とか言ってるうちになんか池っぽいの見えてきたぞ!!
ってこれ本当に池??でか過ぎだろ。
ドドーーーン
あれ?何か立ってるぞ。
あれは東南アジア最大級の水上神像の北極玄天上帝像ですね。
ズズーーン
アイツメチャメチャでかくね!?。
スゲー!!カッコいいーー!!
なんかこのでかい池を舞台に謎の巨大生物と戦ったりしそう〜♥
ゴジラだー
タイワンバナナメカゴジラが出たぞー
ガガーーン
ヤバみ!!
今こそ伝説の守り神北極玄天上帝略してキングゲンブーを目覚めさせる時じゃーー!!

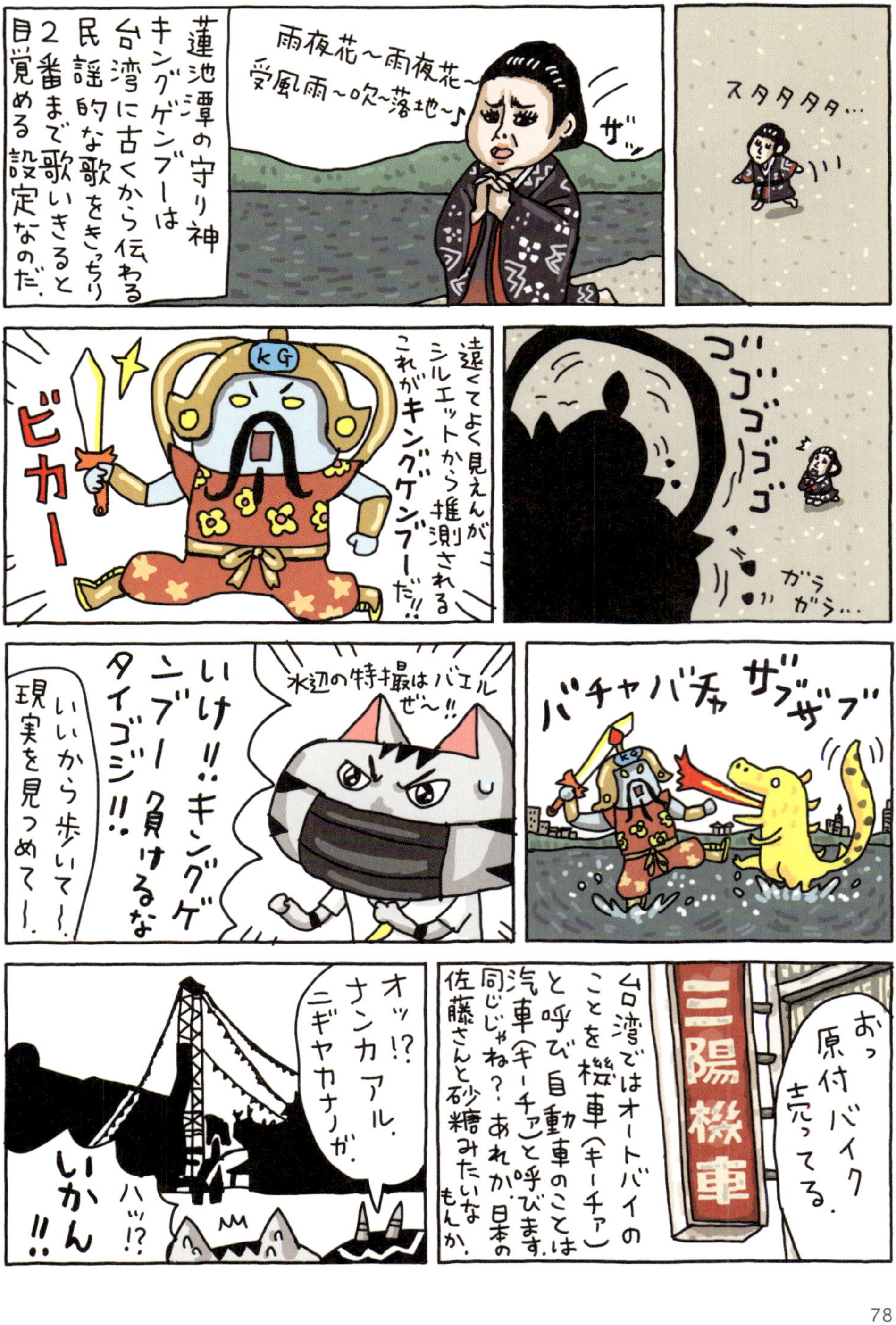
蓮池潭の守り神
キングゲンブーは
台湾に古くから伝わる
民謡的な歌をきっちり
2番まで歌いきると
目覚める設定なのだ。
雨夜花〜雨夜花〜
受風雨〜吹〜落地〜♪
ザッ
スタタタタ…
ビカー
遠くてよく見えんが
シルエットから推測される
これがキングゲンブーだ!!
ゴゴゴゴゴ
ガラガラ…
水辺の特撮はバエルぜ〜!!
いけ!!キングゲンブー負けるなタイゴジ!!
いいから歩いて〜
現実を見つめて〜。
バチャバチャ
ザブザブ
オッ!?
ナンカアル。
ニギヤカナノガ。
ハッ!?
いかん!!
三陽機車
おっ
原付バイク
売ってる。
台湾ではオートバイの
ことを機車(キーチァ)
と呼び自動車のことは
汽車(キーチァ)と呼びます。
同じじゃね?。あれが日本の
佐藤さんと砂糖みたいな
もんか。

タイム ターイム!!
ダダダー
撮影止めて〜カメラストップ〜
監督〜美術スタッフを代表して1つお願いがあります!!
良い画撮れてたのに何だよ、言ってみな。
えっとワタクシ失礼なことですが正直もっと台湾ってバナナが生い茂る大自然に乾杯♪みたいなシンプルで描きやすいところかと思ってたんですが実際来てみると細かい建物や像がわんさか生い茂るオーマイガーなお国柄だということが判明いたしました。
台湾想像図
しかもその細かさたるや見るは天国描くのは地獄。柱1本描くのにも彫刻がビッシリ彫り込まれててメチャ時間かかるんですぅ。もう大変なんですぅ。だからだからお願いします。
写真を使わせてくださいー!!（切実）
今から紹介する建物なんかヒドいんですぅ。こんなのイラストで紹介してる旅行記なんて無いと思う。ムリだもん1人でできないもん!!お願いします〜写真の許可を〜
しょうがないなあ〜。じゃあ特別に3回までイラストをパスする権利をあげましょう。
え〜3回〜。でもヤッター♪

パス1
わーご覧下さい。スゴい派手なお寺が見えます!!
この絢爛豪華な建物は天府宮といいまして建物の屋根から柱から色とりどりの龍やら鳥やら馬やらおじさんやらの像や彫刻が全部のせされています～
パス2
屋根にもギッシリ!!
パス3
鳥も細かい～。これが全部色付きつまようじでできてるって信じられますか?
ウソです。
ピピーー!!
終了ぉ～～ 写真タイム終了ぉ～!!
えぇーもう!?
あとはちゃんと描いて下さーい。締め切りの範囲内で頑張って描いて下さーい。
北極亭
ここがさっき岸から見えてた巨大像のあるところですね。
キングゲンブーのとこか!!
北極玄天上帝だけどな!!

トイレはむこうです。
トイレはあっちだ。
化粧室
亭内にはこれでもかというくらいそこら中に石像がある。
コイツカッチェーな♪
広い亭内を歩いていると台湾の歌謡曲みたいのがボーカル大き目で聞こえてくる。
チャララ～
雨無情～♪ 無想転生～♪
ヌウ?
あの屋根の下から聞こえてくるぞ…
チャラ～～♪
イッテミル?
えーカラオケやってるー!?
重逢高雄港～♪
しかもこの青空カラオケ大盛況で歌い手が途切れることが無い。観客はいるがみんな次に自分が歌う曲探しに夢中で人の歌はあまり聞いてない。
そんな中
チャラリラ ラッラ～♪ チャチャ♪チャラ～♪
あれ?この曲…
キタ～ノ～♪ サカバソ～♪ マツリダ～ヨサーク～♪
日本語で歌ってる!!
日本語演歌率高くてビックリ。
北極亭にお立ち寄りの際は青空カラオケ「北極亭」へお越し下さい。
北極亭

正面奥の玄天上帝へ続く橋には左右ギッシリゴツい石像が並ぶ。
キングゲンブー
玄天上帝
これらの像は三十六神将といって少年ジャンプに出てきそうな名前だが多分十二宮を守護するゴールド聖闘士みたいなことだと思われる。
彼らは全員猛獣に乗っている。
トラかな。
やっぱりみんな強そうなのに乗ってるなー♪
蓮潭映月
そんな中……
!?
この人変なの乗ってる～
ヘビ？アヒル？…オマル？
……わ
ワシだってもっとカッコいいヤツ乗りたかったっちゅーの!!
トラとか獅子とかがよかったけど寝坊してコレしか残ってなかったんじゃ～。
そして到着キングゲンブーこと玄天上帝像。
うむデカい。
お台場のガンダムより多分デカい。
そして派手。
足もとを見るとなんかカメとヘビを踏んづけていたので注意してやろうかと思ったが一応神さまらしいのでヤメといた。
日本でもデカいものには踏まれろということわざもあるしヨソの神さまを悪く言ってはいけません。
イター い〃
たーすけてー〃

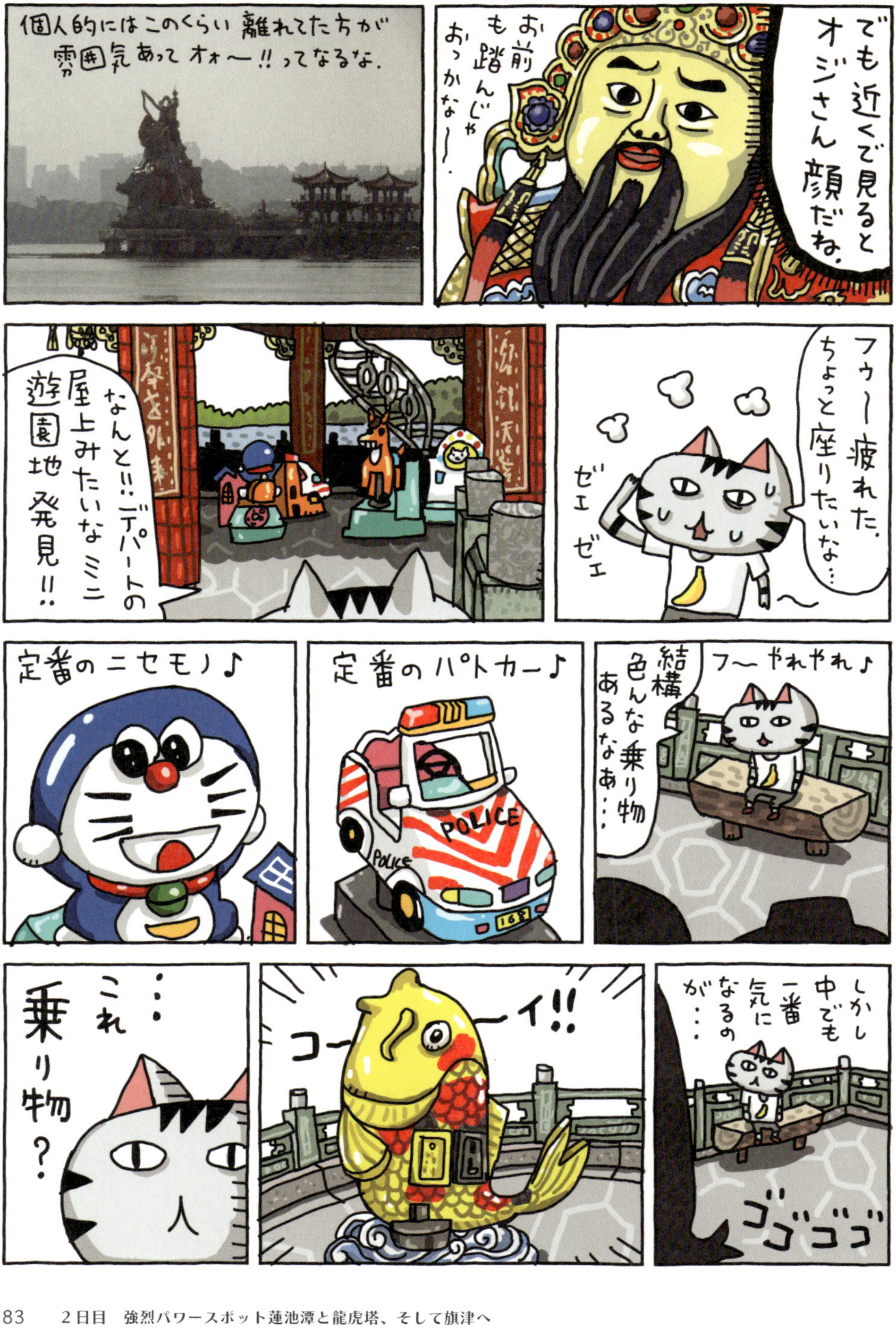
でも近くで見るとオジさん顔だね。
お前も踏んじゃおっかな〜。
個人的にはこのくらい離れてたちが雰囲気あってオォ〜!!ってなるな。
フゥ〜疲れた。ちょっと座りたいな…
ゼェ ゼェ
なんと!!デパートの屋上みたいなミニ遊園地発見!!
フ〜やれやれ♪
結構色んな乗り物あるなあ…
定番のパトカー♪
POLICE
POLICE
定番のニセモノ♪
しかし中でも一番気になるのが…
ゴゴゴゴ
コーイ!!
これ…乗り物?

チャリン
わーい
わーい
ゴウン
ゴウン
ゴウン
こういうこと？
ビチ
ビチ
魚餌販賣機
一、請投幣10元一枚
二、請至取出口取出魚餌
三、紅灯亮表示售完！
餵食樂陶然
魚餌
ヒョイ
なんと下にコイの池があった。むこうにはニワトリもいたし、何でもあるなここ…
スィー
スィー
ゴトン
それ～大きくな～れ、
しかしこんな凝ったコイのエサ自販機が作られる程 台湾ではコイ人気が高いのか？
バチャ
バチャ
バチャ

お線香立てるとこに何かしがみついてる。
うーーん
うーーん
何だコイツカワイイなオイ♡
線香細っ!?
池を一望できる場所から向こう岸を見るとあっちにもデカい像がいた。どーなってんだこの池。
後ろからメッチャ日本の演歌聞こえてくるし。
ヨコハマ〜♪
タソガレ〜♪ニホンカイ〜♪
さて…行くか。
あっ!! 放し飼いのポメラニアンがいる!!
普通に車道のそばをプラプラ。車にひかれないかヒヤヒヤする…
台湾バナナ売ってる!!
バナーナ!!
でも一房持ち歩くのはしんどい。一本だけでも売ってくれるかしら…
OK
いいの!?
マジかやさしいなお兄ちゃん♪
2種類あったので1本ずつ買ってみた。
ちっこくてズングリ
いわゆる普通サイズ

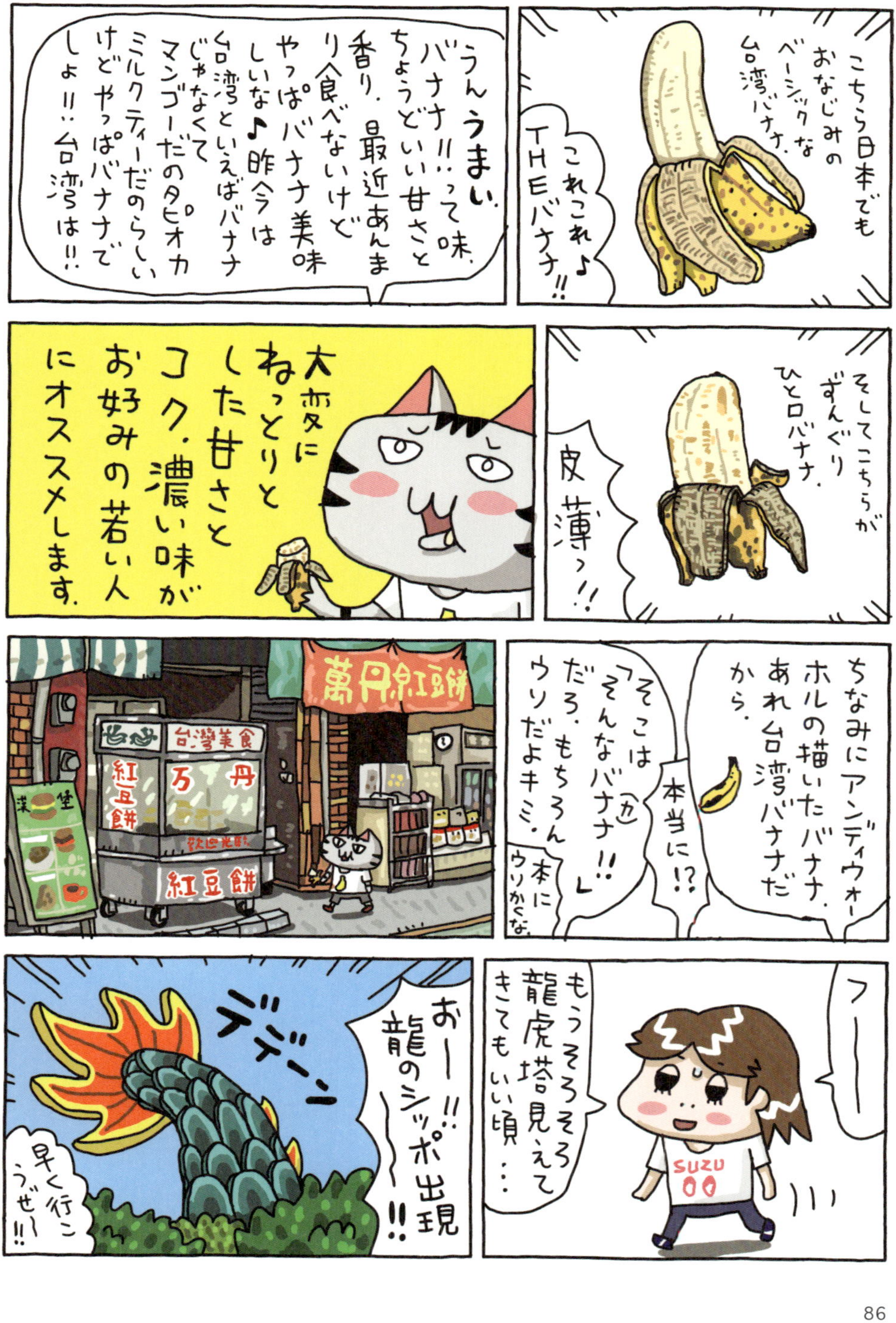
こちら日本でもおなじみのベーシックな台湾バナナ。
これこれ♪THEバナナ!!
うんうまい。バナナ!!って味。ちょうどいい甘さと香り。最近あんまり食べないけどやっぱバナナ美味しいな♪昨今は台湾といえばバナナじゃなくてマンゴーだのタピオカミルクティーだのらしいけどやっぱバナナでしょ!!台湾は!!
そしてこちらがずんぐりひとロバナナ。
皮薄っ!!
大変にねっとりとした甘さとコク。濃い味がお好みの若い人にオススメします。
ちなみにアンディウォーホルの描いたバナナ、あれ台湾バナナだから。
本当に!?
そこは「そんなバナナ(カ)!!」だろ。もちろんウソだよキミ。
本にウソかくな。
萬丹紅豆餅
台灣美食
紅豆餅
万丹
紅豆餅
フーーー
もうそろそろ龍虎塔見えてきてもいい頃…
SUZU
おーー!! 龍のシッポ出現~!!
デデーン
早く行こうぜ~!!

デケー　そろそろ頭が見えるぞ〜♪
ビヨーーーン
あれ？
龍虎塔の龍ってこんな
アホヅラ
ユニークなお顔でしたっけ？
ガイドブックの写真ちらっと見ただけだけどもっと目が切れ長でカッコ良かった気が…
なんかヒゲがスゲ〜〜〜
全体はこんな感じ。あれ？トラがいねえ…
あっ!! 違った。これ龍虎塔じゃなくて手前の春秋閣の龍だった!!
春秋閣
三国志の関羽を祀るため1950年代に建てられた遊園地。え？遊園地じゃない？なんか古い割に浅草花やしきのアトラクションにありそうな色使いとペンキちっくな塗装なんだけど…誰か塗り直した？

あいつが関羽か…
多分違うと思います。
※ユニークなお顔の龍はなんと口から体内に侵入可能。
全長1kmとかだったら途中で戻るからな。
中はトンネル状で結構長い。
壁には一面に色鮮やかな絵が描かれている…
と思ったがよく見ると半立体のレリーフ絵画。
絵の内容はよく分からんがこの辺とか楽しい話では無さそう。
怖っ!?
あと中に何体かあれ？レリーフってこうだっけ・・・？・っていう人形がいる…
半立体というよりめり込んでるんだが〃
半立体
尻から脱出!!
スポ〜ン
その先には長〜い橋がのびていて先っちょには五里亭という建物がある。
…よし。あれはヤメとこう。
賛成〜

フー
園内には塔が2本立っておりどちらかが春閣でどちらかが秋閣!! 2つ合わせて春秋閣ということらしい!どちらか分からんが座ると風が気持ちいい.
あそこの塔みたいなやつ龍虎塔じゃね?
あーホントだ。龍と虎が見えますよ.
目的地が見えるとがぜんやる気が出てくるな♪よし行くか.
ファイトー
イッパーーツ
予定外の寄り道だったけど春秋閣…
キャラがちらかってて面白い。なかなかオススメよ.
甘蔗汁って何だ?あ〜サトウキビか!!
駅から歩くことトータル2時間半.
蓮池潭の名の通り…
蓮の花咲いてるーキレーイ.
そしてさらに進み、魔除けのジグザグ橋を渡ると現れるのか・・・
クッ
おお〜

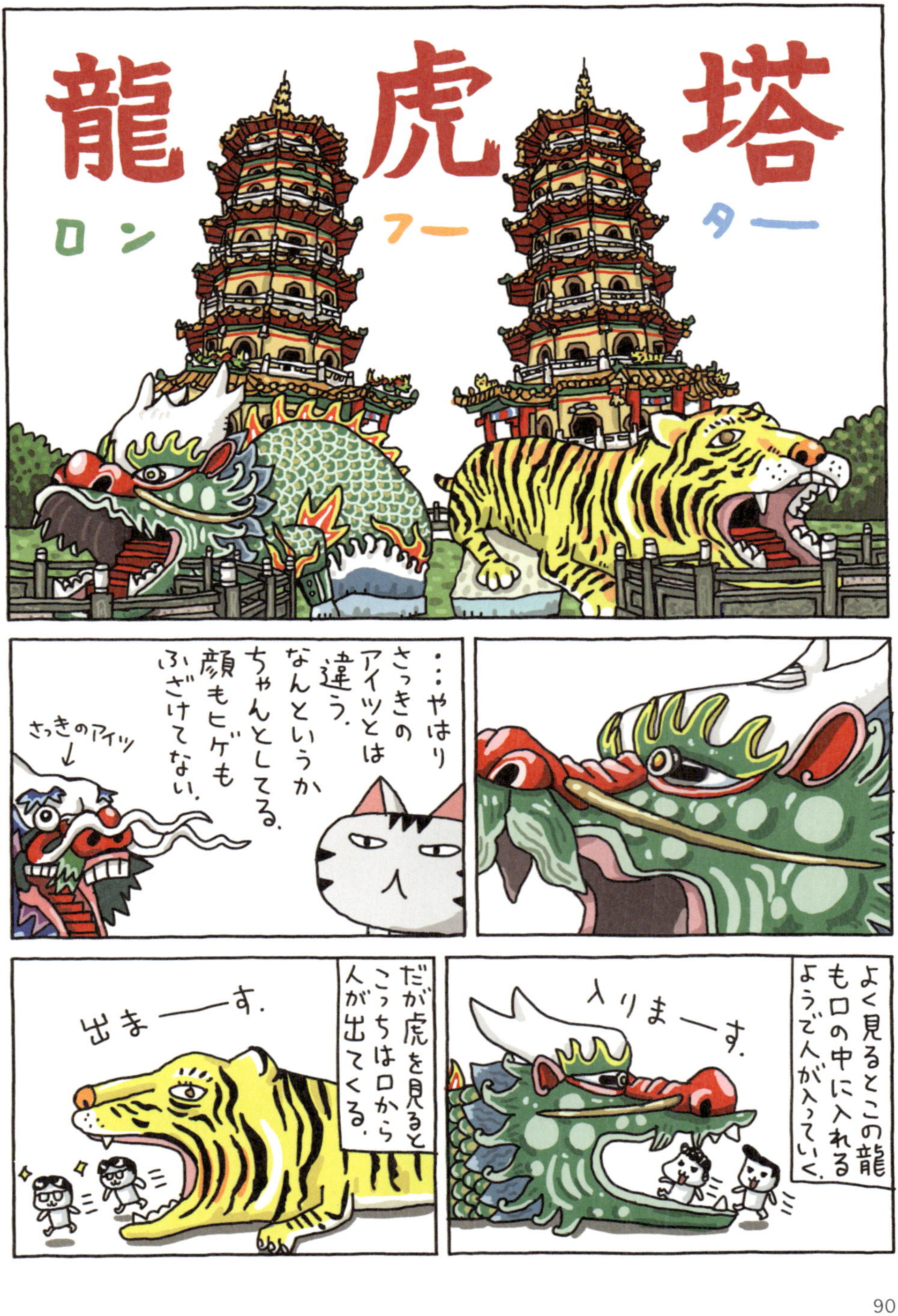
龍虎塔
ロンフーター
…やはりさっきのアイツとはなんと違う。ちゃんとしてるというか顔もヒゲもふざけてない。
さっきのアイツ
よく見るとこの龍も口の中に入れるようで人が入っていく。
入りまーす。
だが虎を見るとこっちは口から人が出てくる。
出まーーす。

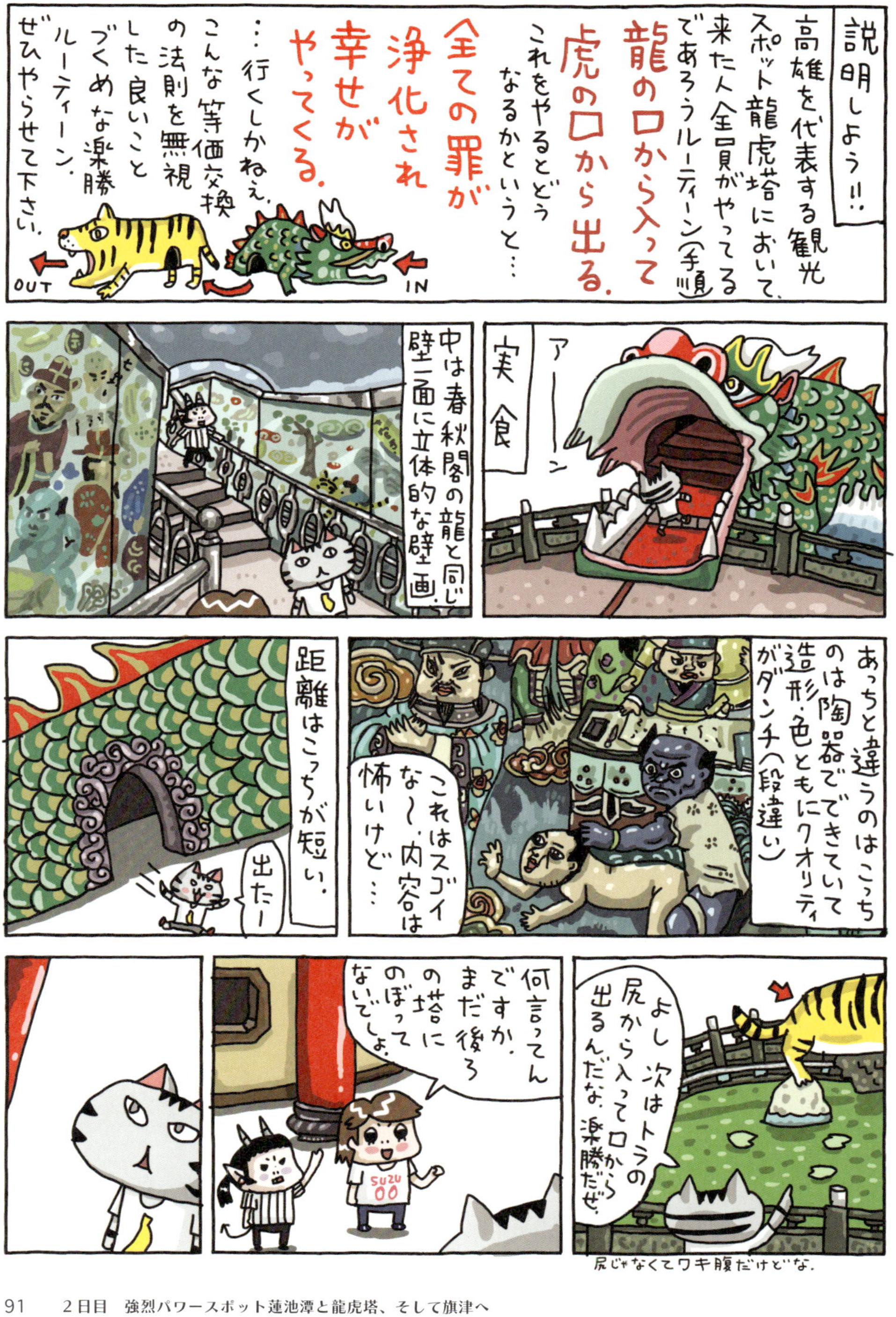
説明しよう!!
高雄を代表する観光
スポット龍虎塔において、
来た人全員がやってる
であろうルーティーン(手順)
龍の口から入って
虎の口から出る。
これをやるとどう
なるかというと…
全ての罪が
浄化され
幸せが
やってくる。
…行くしかねえ。
こんな等価交換
の法則を無視
した良いこと
づくめな楽勝
ルーティーン、
ぜひやらせて下さい。
IN
OUT
実食
アーーン
中は春秋閣の龍と同じ
壁一面に立体的な壁画。
あっちと違うのはこっち
のは陶器でできていて
造形・色ともにクオリティ
がダンチ(段違い)
これはスゴイ
な〜。内容は
怖いけど…
距離はこっちが短い。
出たー!
よし 次はトラの
尻から入って口から
出るんだな。楽勝だぜ。
何言ってん
ですか。
まだ後ろ
の塔に
のぼって
ないでしょ。
SUZU
00
尻じゃなくてワキ腹だけどな。

そういえばあったな、
これのぼるのかぁ…
ズーーン
疲れない?
帰ってから
マンガのネタが
足りないって
泣くのお前だぞ
塔の内部はそんなに
広くない。中央には
らせん階段があり
グルングルンと回り
ながらのぼっていく
システム。
エレベーター等ございま
せんので各自頑張って
のぼって下さいませ。
しんどい…
そして
龍と
虎の後ろ
で目立って
なかったがこの塔
よく見ると…
ド派手
のぼるのも
疲れるし…
描くのも
疲れるんじゃー!
あ〜
見えない
見えない。
できれば
こうやって
のぼりたい。

塔からは蓮池潭が一望できます。
あれさっきの二世龍のとこだね。
オーキングゲンブーミエル♪
た、高い!!
高所恐怖症
怖くて覚えてないけど7階建てだったと思います。
脱出
タッ
よーし塔終わり♪今度こそトラの穴（虎の）に入るぞー!!
ちょいちょい。
のぼってない。
のぼった。
いやいやいや!! 同じじゃん? 1個のぼったら以下同文でしょ。どっちか片方で十分だよ!!
せっかくだからのぼっときましょうよ♪
ネェ
龍と虎の飾りだけだろ!! それにのぼったって見える景色なんか一緒じゃん!!
それにほら。
ちょっと違いますよ。
チガイマスヨ。
そんなことありませんよ。龍の塔からは見えないけれど虎の塔からだけ見えるものがあります。そうです。それは隣りの龍の塔です。将軍さま♪
うるさい!!
休

イヤ〜
イヤだー
じゃあお前たちは知り合いの平田さんちに遊びに行ってそれじゃあおじゃましましたって家を出たら隣りに同じ形の建て売り住宅にお住まいの会ったこともない田中さんがいたらソッチにもおじゃまするのかー？
しないだろー!! 行かない
知らない人んちだろー!!
オレは龍の塔にお住まいの龍さんとは腹を割って通過した仲だが隣りの虎さんのことはまだ腹の中を見せてもらったこともない他人行儀な間柄だからなー 彼の家に行くのはまだ早いと思うの〜♥
コイツ
じゃあ出口で待ってる〜♪
ボンボヤージュは逃げ出した。
スタコラ
脱出!!
虎の中は龍と同じだった〜、そして…
ボンボヤージュは
罪が浄化された。
キラーーーーン
分かる。
分かるぞ。
これまでの全てのマンガの〆切り破りの罪が消えている。
〆切り守れなかったことなど1度もないと今なら声を大にして言えるウソです スイマセン
ハァ〜
疲れた。
2人ともよくのぼるなぁ〜。
ヤレヤレ。
ホジホジ

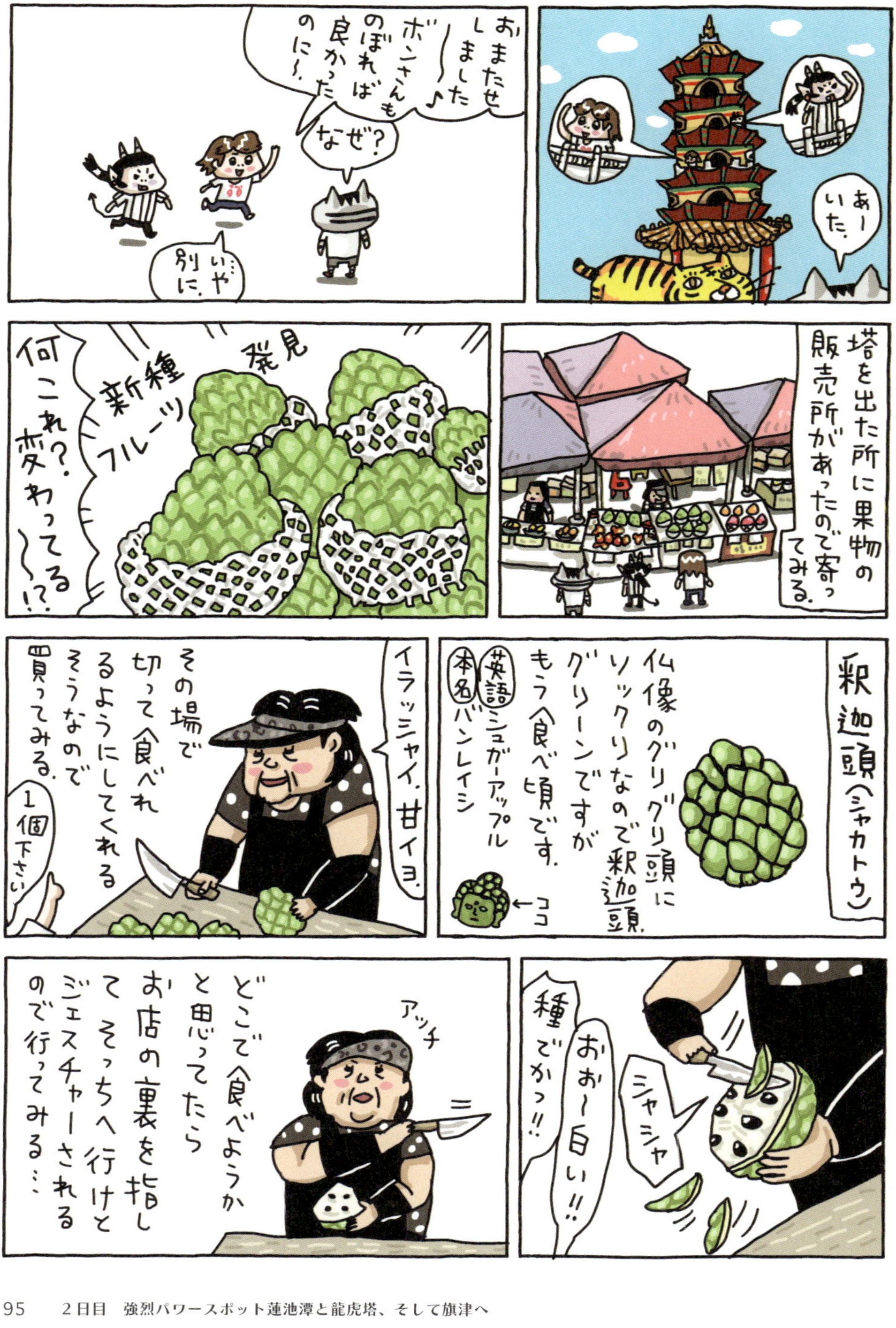
あー いた。
おまたせしました～♪
ボンさんものぼれば良かったのに～。
なぜ？
いや別に。
塔を出た所に果物の販売所があったので寄ってみる。
新種フルーツ発見
何これ？変わってる～!?
釈迦頭（シャカトウ）
仏像のグリグリ頭にソックリなので釈迦頭。
グリーンですがもう食べ頃です。
英語 シュガーアップル
本名 バンレイシ
←ココ
イラッシャイ、甘イヨ。
その場で切って食べれるようにしてくれるそうなので買ってみる。
1個下さい
シャシャ
おお～白い!!
種でかっ!!
アッチ
どこで食べようかと思ってたらお店の裏を指してそっちへ行けとジェスチャーされるので行ってみる…

ソコ座ってイイヨ.
え〜
一個しか買ってないのに
ご親切にお店の裏の
テーブルとイスまで
使わせてくれるんで
すか〜ありがとう
ございます〜♪
ハイヨ
種でかいね〜
色は地味でそんなに
美味しそうではないが…
シャク
うまっ!?
何これスゲー
うまい!!
ホントだ、甘っ!?
なんだろう、
地味な見た目
に反して複雑
な味わい。
モモのような
ほのかな香りと
ナシのようなサクサク
した食感もあり
それでいて口の中で
ねっとり
トロける
甘みとコク。
これは食べた
ことない味!!
プッ
プッ
プッ
種もでっかくて
出しやすいので
食べやすい♪
ガッ
ガッ
ガッ
ガッ
ガッ
ガッ
ガッ
いくらでもいけちゃう。
これはヒット性の当たり。
日本でも売って欲しい。
ドン

サービス
お金イラナイネ。
ドライフルーツ
オイシイ。
タベテ タベテ♪
えー〜
いいんスか〜♥
察した
いやーラッキーだなあ♪じゃあ遠慮なく。
察してない
バクバクバク
ピーナッツ。
ドン
タベテ。
シェーシェーピーナッツ。
えー!!
黒い!?
黒金剛
台湾のいいピーナッツ。
皮が黒くて香りが良い。
殻を割った時
ギョッとするから
お土産に
ピッタリ♪
?
ゴソゴソゴソ
一袋
100元で
イイヨ♪
何だと?

取材前

台湾といったら台湾バナナしか思いつかない作者はこう考えていた。

というわけで取材行く前に（ホンキで）考えていた

幼の台湾編カバーがコレだ!!

↑
幻と書きたかったらしい。

バナーナー♪

まあ あれだけ食べたら買わざるをえんわな
ドライスモモ
この先にとても充実してそうなデッカイ物産館があるのでそこまで歩いて終わりましょうか。
それでだいたい池を半周したことになります。一周歩くのはさすがにキツい。
派手なパンツをはいたクマ発見。
高雄市のマスコット「高雄熊」
ノド カワイタ。キンキンニ ヒエタ タピオカ ミルクティー ガ ノミタイ！！
おっ いいねぇ♪ そこにお店あったから買いに行こっか。ボンさん何飲みます？
いらない。行ってきなよ。そこの木のとこで座って待ってるから。
え〜
疲れた老体には座って休むのが一番のゴチソウなんじゃ〜。
しっかりして!! オジイちゃんの分も何か買ってくるから!!

昨日も飲んで今日も飲む!!
甘くてグニョグニョ
タピオカミルクティー
そしてオジイちゃんにはコレ。
キョウモウマイ♥
コリャニホンデモブームニナルナ。
ビタミンCたっぷりスッキリさわやかキンカンレモン汁
疲れた体にはすっぱいのが効くのさ。
チウ〜〜
パープルファンタジーより全然うまい!!
そうでしょうそうでしょう♪
飲んで元気出して!!
ハア〜〜〜…
今日も歩いたな…
まだまだ歩くけどな。。
そういや龍虎塔で浄化された気分はどうですか?
〆切り破りの罪は消えんがな。
SUZU
そりゃもう身も心も清められてピカピカよ♪
心なしか肌もスベスベになった気がする。
ほれ見てみろ。

ベチョ
鳥のフン直撃した――!!
カノコバト
首に変な模様があるハト・性格は大らかで人の腕にフンを落としても気にしない。
バサバサー
くっ…
スゴい!! ミラクル。浄化されてすぐ汚された!! いやウン(運)がついたという見方もでき…
うるさい ティッシュ!!
池の回りにぐるっと遊歩道が作られてて良い散歩道となっております。
物産館
ピロロ～♪
え――― よこ笛? 吹いてる～!?
日本だと公園でギターとかよく見るけど公園でよこ笛は新鮮。
ピロロ～
よこ笛じゃないよ。竹笛だよ。台湾の伝統楽器だよ。
ピィー ピロロ～♪
中国笛ともいうよ。

良い!! 実際にはピロピロリ〜♪とかではなく全然郷愁を誘うやさしい音色なんだよ〜 付録CDつけたい〜。
ピ〜ヒャ
するとと突然背後から謎の歌声が!?
花落士〜花落士〜♪
有誰人通看顧〜♪
笛に合わせて?地元の民謡?を歌うオバさん出現!!
無情風雨〜誤阮前途〜〜♪
ピョロピィヒョロ〜
さらに…
パチパチパチパチ
ウォーキング途中の男性が拍手を送りはじめた!!
パチパチをパチパチパチパチ
何この即興公園ミュージカル、でも…
なんかいいね♪
スバラシイー体感 感動した!!
パチパチパチパチ
と思ったが
パチパチ〜〜ン
?
違う!! あの人 ただの手ぇパチパチウォーキング健康法の人だー!! 知らんけど。
パチパチーーン
パチ〜ン

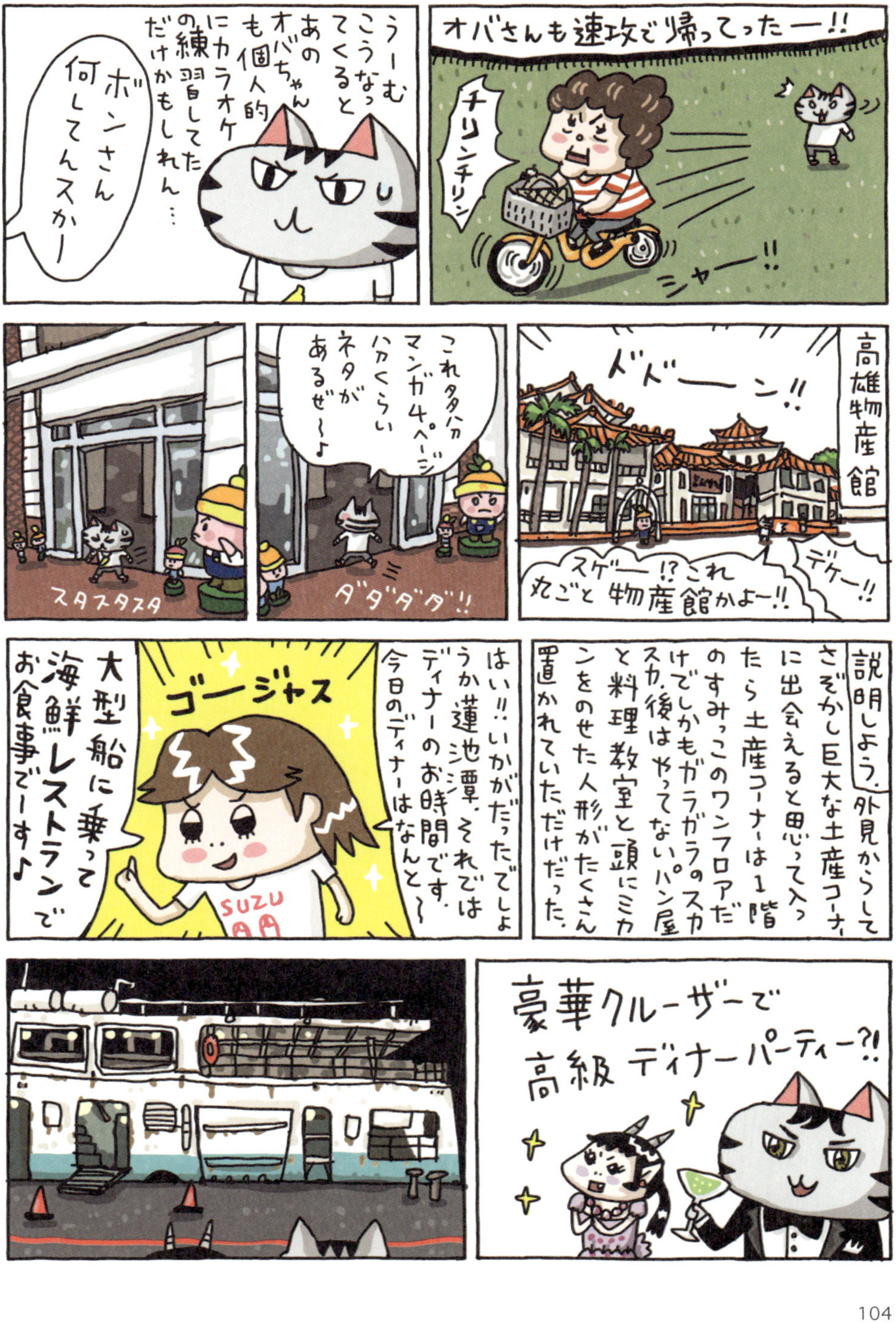
オバさんも速攻で帰ってったー!!
チリンチリン
シャー!!
うーむ こうなってくると あのオバちゃんも個人的にカラオケの練習してただけかもしれん…
ボンさん何してんスかー
高雄物産館
ドドーン!!
スゲー!?これ丸ごと物産館かよー!!
デケー!!
これ多分マンガ4ページ分くらいネタがあるぜ~♪
ダダダダ!!
スタスタスタ
説明しよう。外見からしてさぞかし巨大な土産コーナーに出会えると思って入ったら土産コーナーは1階のすみっこのワンフロアだけでしかもガラガラのスカスカ。後はやってないパン屋と料理教室と頭にミカンをのせた人形がたくさん置かれていただけだった。
はい!!いかがだったでしょうか蓮池潭。それではディナーのお時間です。今日のディナーはなんと~
ゴージャス
大型船に乗って海鮮レストランでお食事でーす♪
SUZU
豪華クルーザーで高級ディナーパーティー?!

小心碰撞
ゴゴゴ〜
〜ゴウン〜
ゴウン
ゴーン
これ…豪華クルーザーじゃねえな。
ドンブラコッコ〜
まあでもフェリーから見える夜景はなかなかファンタスティックフォー♪
旗津《チーチン》半島
本島からフェリーで5分の島。シーフード料理のお店や様々な屋台が並びお寺や市場、輪タクと呼ばれる自転車タクシーなど昼間来ても楽しめることうけあい。夕焼けもキレイだってよ？
本島
旗津半島
あっという間に到着
メインは海鮮料理。ズラリと通りに並び、客引きのおじさんに日本語でカイセンドウ？と言われる。
カイセンリョウリ♪ドウ？
活海產
活海產

店先にはその日とれたっぽい新鮮そうな海の幸がズラリと並び…
敷きつめられた氷の上
旗津海產店
海鮮店だらけでよくワカらんけどココにしましょうか。
日本でもおなじみの貝や魚もあるけど見たことないヤツもちらほら。
おっ!! カキがある。
たとえば…
食べたい食材を伝えると焼く?・煮る?・蒸す?の3択の後お任せ料理になって出てくるシステム。
ヤク? ニル? ムス?
コレ
じゃあ焼く。
ギャー
ぴょん吉ー!?
ええ〜〜〜…
か、カエルって海の幸だっけ?
食べてみます?
NOー!!
ギャーーー
お前かー
どうしたー!?
そっちもゲテモノいたかー?
ん? 鳥? オウム?
大海龍
カエルはササミみたいで美味しいとは聞くけど見た目がな〜…
ギャー
…

注文を終え
中央が回る中華なテーブルに座ったならば…
18DAYS!!
とりあえずビール!!
なんとこのビール賞味期限たったの18日間だってよ!!
台湾のビールグラス小っせ!!
生
DRAFT BEER
ONLY 18 DAYS
TAIWAN BEER
そしてボンヤリした料理紹介♪
イカの八宝菜みたいなやつ
赤い魚の焼いたやつ
塩
エビの蒸したやつ
ショウガじょうゆで
魚のあっさりスープ
名も知らぬ貝のピリ辛したもの
小魚のフリッター? 塩
プハー!!
ライトでスッキリした飲みごたえ。ぜひ19日たったやつも飲んでみたいところだね。そんなに味変わるのかなあ?
ではいただきまーす。
うんうまい♪ 刺し身じゃないからメチャクチャ新鮮とかそういうのは分からんがイカ最高。
肉料理じゃないからか例の八角のニオイはしない。日本でもおなじみの味かな〜。
エビむくのメンドクサイ!
ガツガツ…

完食
ガー
フ〜満腹じゃ〜♪でもデザートならまだイケるよ〜〜。
またのお越しを〜!!
ギャー
ビクッ
WELLCOME
歡迎光臨
うるさいっフーの外
どこで覚えたんだよソレ。
豆花
糖葫蘆
せっかくだから屋台で何か買ってみますか？
いいね♪食後のデザートに台湾スイーツとかね♪
ミマショ〜。
ネコいた♪
宜蘭名産
冰冰春捲冰
台灣味焦糖花生捲加冰淇
Taiwanese flavor
何コレ？みずみず春まきみず？
氷じゃないですか？台湾味。
う〜む……
商品名なのか店名なのか。甘いのか辛いのかも分からん。
分かるのは店の人がやけにムキムキなことくらい。そんなに良質のタンパク質が摂れるのなら買ってみるしかあるまい。
おっクレープの生地みたいなのキタ。
プロ〜ン
ドン!!
ピーナッツがギッシリ詰まったアメ？キャラメル？カッチカチよ。
何あのカタマリ。
え？カンナ？
カッ

シャコシャコ!!
シャコシャコ
わー削ってるー!!
ムキムキの原因
コレかーー!!
バサー
生地にかけたーー!!
バッ
注 パクチーです。
ネギかけた!?
チヂミ?
オコノミヤキ?
パクチーということは甘くないオヤツかなぁ.
ボンさん。パクチー食べれるんですか?.
ダメそうなイメージだけど
珍しくパクチーは好き.
家でもプランターで育ててる途中でイヌにオシッコかけられて枯らされたくらい好き.
…
ゴロン♪
スイーツ確定
えぇーアイスクリーム乗ったーー!!
パタパタパタ
たたんで丸めてー
完成
ハイ♪
シェーシェー
パク
本島へ戻る
寒っ
クレープのモッチリ感に削りたてのピーナッツのこうばしい香りとアイスが…とか言おうと思ってたけどパクチーの主張がスゴ過ぎる!!
味も香りも全部パクチー
なんですけど～
好きだけど甘いのはちょっとムリかも～!!
パクチィー!!!
モワーー
!?

そういえばフェリー乗り場の近くに有名なマンゴーかき氷のお店があるってジョさんが教えてくれたんですけど確かこの辺じゃないかなぁ～.
誰だジョさんて？…ああレディファーストの人か。しかし仮にあったとしてさっきパクチーアイス食べて寒い寒い言ってるのにカキ氷食べるのか？
あっ!! ここだ。カキ氷屋さん。
海之冰
え!? マジで食べるの？
食べるとも!! 台湾に来てマンゴーカキ氷を食べないなんて選択肢は無いのだ!!
マンゴーカキ氷ありますか？
おー スゲー.
さすが有名店。壁には有名人のサインがビッシリ書かれている。
と思ったがよく見ると客が好き勝手に描いてるだけだなこれきっと!!
えーっと残念ながらこの時期は生のマンゴーは手に入らないので冷凍ものになってしまうそうです。どうします？
マンゴーの旬は5月から7月だからね。
せめてタベマス.
サイズいっぱいあるなぁ…
一番小さいヤツで!!
SIZE:
×1 ×2 ×3 ×5 ×7 ×10 ×20
格準價×倍数 Price =Pric
冰淇淋 Fruits & Cond アイス＆ミルク
せっかくなので3種注文.
カネコ
芒果牛奶冰
マンゴーミルク
우유망고빙수
$75
綜合芋圓冰
サツマイモとアズキのそうごう
조합토란빙수
$60
ボン
水果牛奶冰
くだものミルク
우유과일빙수
$55
SUZU

ドーン
でかっ
マンゴーもでかいが…これ最小サイズ？メチャメチャでかいんだけど…
冷凍マンゴーは特に解凍するわけでもなくカッチカチでございまーす。
カキーーン
ガリッゴリッガキキ…シャリシャリシャーリ…
音が冷たい…
ガタガタガタ
オイシクテトウシ（凍死）シソウ。
くだものミルクは凍ってないけど山盛りだくさん
でも生のマンゴー食べてみたかったですねー、ホラあそこにも冷凍って書いてある。
망고는 냉동 입니다
マンゴ は冷凍されてぃる
芒果是冷凍的
Mango is frozen
니다
てぃる
冷凍されてぃる!!
マンゴ!?
で、ボンさんの頼んだ豆の煮つけみたいなカキ氷はどうなの？
豆
ダンゴ
豆
誰がヒジキの煮物みたいな色だと!?
うーむ、白玉ぜんざいだなコレ。
ダンゴ
豆
すっかり体も冷え切ったところで帰って寝ますか
賛成〜

高雄2大~~ガッカリ~~ヤメロ!!スポット
いやそんなことないって!!マンガ

高雄 物産館

高雄85ビル

みんなもぜひ行ってみてくれよな!!

みんなは見逃さないでくれよな!! マンガ

帰って調べて知った①

高雄滞在中ホテルの隣りの店の看板が気になっていたのだが…
たかお…バアバア…水？バアバアスイ…バアバ…
創立於一九三四年
高雄婆婆冰
高雄ババア水!?
ヒィ〜〜
怖っ!!と見ないフリしてたが
カキ氷の名店だった。
80年続く老舗マンゴーカキ氷の名店!!
高雄婆婆冰へは絶対行くべし!!
え〜

カオシュンポーポービンて読むんだよ。

帰って調べて知った②

春秋閣の龍の中に入った時のことですが
通路の途中にこんなのがあって…
まわりの展示品から浮いてたのでスゴいスタッフが園内の備品を出しっぱなしにしてるんだと思ってスルーしたが…
ったく
片づけときなよ〜?
不老不死の水だった。
春秋閣の龍の中には「甘露水」と呼ばれる不老不死の水があり飲むことができます。
ええ〜

そもそもポリタンクに不老不死の水入れる〜?

街のレトロ感がいい感じなの

左營駅の前のなんかすごい踏切

美麗島駅、すんごいカラフルだよ

北極玄天上帝像、メチャどでかい

孔子廟というのもチラ見したよ

池の向こうの方にも何かいる…

アイス美味しかったけど高かったな…

ニーハオー！お邪魔してますよー

像の中は外とは全然雰囲気違うよ

バナーナー♪小さいのメチャウマ

真っ黒に近いバナナが食べ頃です

蓮池潭の名の通り、蓮だらけ

Photo diary 照片日記

ついに龍虎塔が見えた！

なんか写真撮りたくなるポップさ

ヒゲがビヨヨーンな春秋閣

龍の塔には龍の飾りがあちこちに

龍と私

虎と私

お！黒マスクなボンさん発見！

ふー。結構つかれるよ

ということは虎の塔には虎だよね

これ、すんごい美味しかった！

釈迦頭！たしかに！

蓮の花があちこちに咲いてました

フェリーからさっきの高層ビルが見えたよ

フェリーに乗って旗津へ GO ！

高雄 85 ビルって高層ビルで見た夕焼け

賞味期限 18 日のビール。スッキリ味

街のあちこちに果物のお店がある

フェリー乗り場がなんか素敵

この時点でも味が謎だった…

謎の食べ物の屋台をしばらく観察

海鮮たらふく食べたけど安かったなー

でも最後にかき氷食べちゃったね

お腹パンパンで帰りますー

さてさてお味はどんなかなー

Photo diary 照片日記

参

3日目
朝粥食べたら、
いざ台北へ…

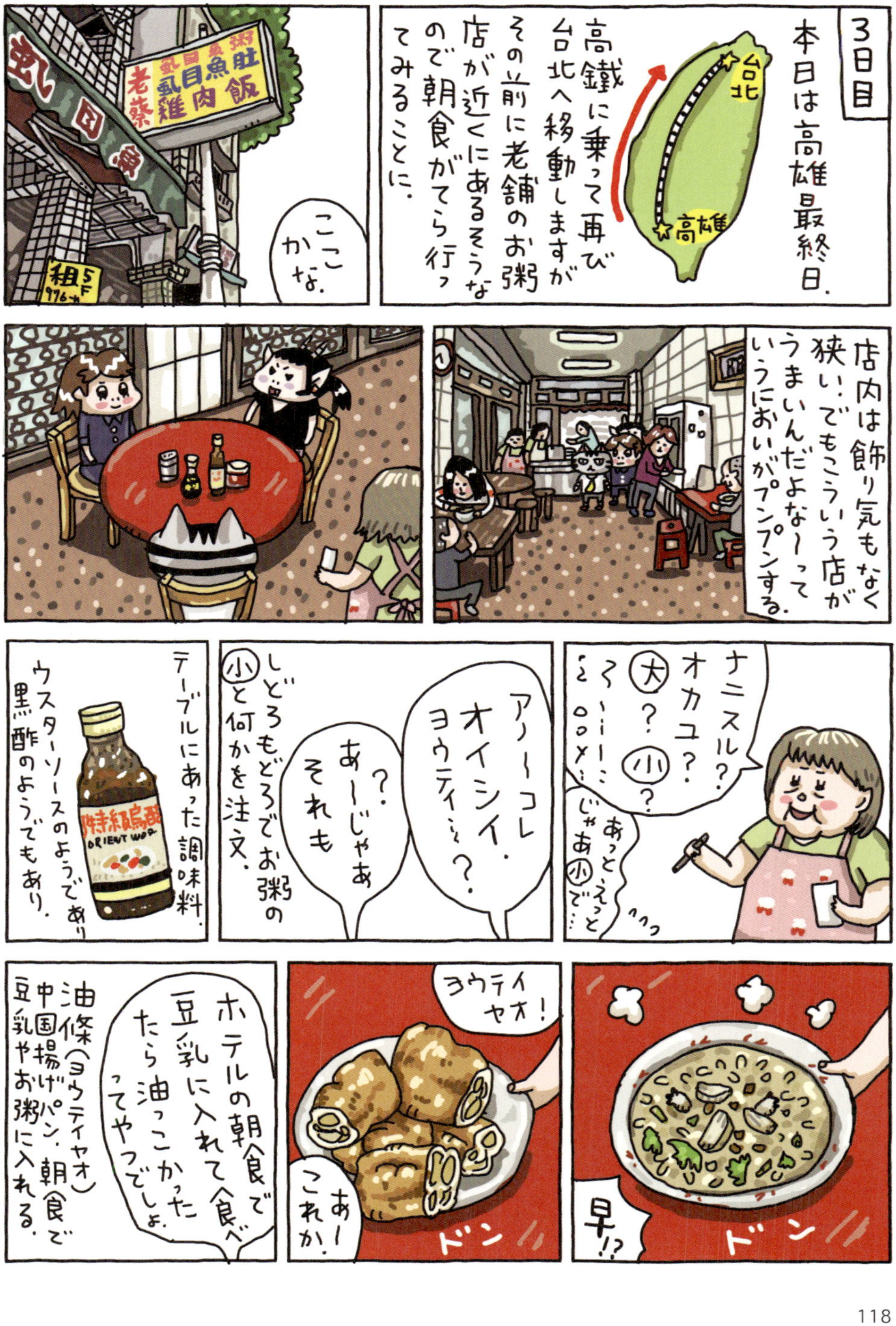
3日目
本日は高雄最終日。
台北
高雄
高鐵に乗って再び台北へ移動しますがその前に老舗のお粥店が近くにあるそうなので朝食がてら行ってみることに。
虱目魚粥
老蔡
虱目魚肚
雞肉飯
ここかな。
店内は飾り気もなく狭い。でもこういう店がうまいんだよな〜っていうにおいがプンプンする。
ナニスル?オカユ?大?小?
あっとえっと
じゃあ小で…
アノ〜コレオイシイ。ヨウテイ……?
?
あ〜じゃあそれも
しどろもどろでお粥の小と何かを注文。
テーブルにあった調味料。
ウスターソースのようであり黒酢のようでもあり。
特級烏醋
ヨウテイヤオ!
早!?
ドン
あ!これか。
ドン
ホテルの朝食で豆乳に入れて食べたら油っこかったってやつでしょ。
油條(ヨウテイヤオ)中国揚げパン。朝食で豆乳やお粥に入れる。

具はササミ・小っこいカキ
ザーサイ・あと緑色のはパクチー.
あー
美味しい!!
魚ダシのアッサリスープで米が日本のよりネバリがなくてポロポロのサラサラで食べやすい.パクチーも合う.
…で これ入れるの？
…うーむ
どうなのこれ!!お粥にフランスパン刺さっちゃったみたいになってるぞ…お米にパンてどうなのさ.なんかベチョベチョしてそうであるよ？
ジュワッ
ゲェー
バカうまい!!
なんだこれ!?
ふやけて味がうすくなるかと思いきや揚げパンのこうばしい旨みがジュワーと出てきてアッサリスープにコクがプラスされる.それでいて全然油っこくなく、うまさ倍増ナリ.
油條の居場所決定.
コイツは豆乳よりもお粥の中にいるべきヤツだと確信した.
異論は認める.
くたー
テーブルにあった豆板醤を入れてみる.
味変成功!! これもまたイケる♪

うまかったー♪
大にすりゃ良かったなー。
お粥美味しかった〜♪
うちの近所に出店してきて欲しい。
店先のテーブルに座ってひとりでお粥食べてる女性もいた。
台湾では朝食を外で食べるのが一般的らしくこのようにひとり朝食してる人が多くいた。
よし、じゃあホテルチェックアウトしますか。
なんか小腹がすいた。
モラ!?
ワタレル
ええ——!?
いやムリムリムリ
ビュン
ビュン
アイツ・・台湾に完全に適応してやがる。
コツハチュウチョシナイコト。
渡れるとこまでこっち行くか。
素食?何だろ?
粗末な食事じゃね?
素食
早餐
幸福水煎包 毎粒12元・3粒30元
快樂水煎餃 毎粒4元・7粒25
美味素メシ
大套餐組合
幸福水煎包が3粒で30元か…
素食のお店で幸福水煎包ゲットー!!
オリイ。
ソースが2種類ついてたよ。

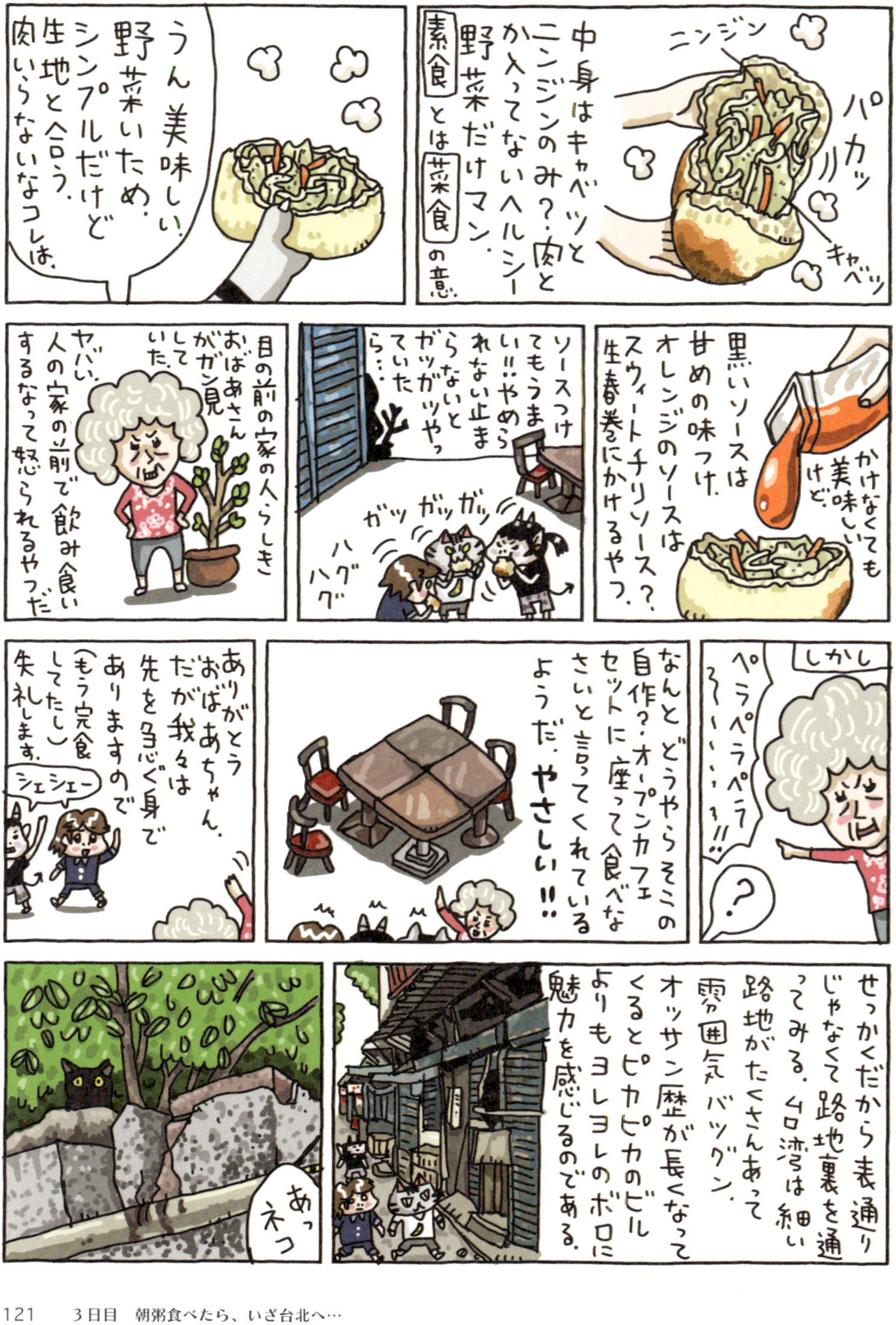
パカッ
ニンジン
キャベツ
中身はキャベツとニンジンのみ？・肉とか入ってないヘルシー野菜だけマン。
素食とは菜食の意。
うん美味しい！野菜いため。シンプルだけど生地と合う。肉いらないなコレは。
黒いソースは甘めの味つけ。オレンジジのソースはスウィートチリソース？、生春巻にかけるやつ。
かけなくても美味しいけど。
ソースつけてもうまい!!やめられない止まらないとガッガツやっていたら…
ガッガッガッ
ガッ
ハグハグ
目の前の家の人らしきおばあさんがガン見していた。
ヤバい。人の家の前で飲み食いするなって怒られるやつだ
しかし
ペラペラペラペラ～～～!!
？
なんとどうやらそこの自作？・オープンカフェセットに座って食べなさいと言ってくれているようだ。やさしい!!
ありがとうおばあちゃん。だが我々は先を急ぐ身でありますので（もう完食してたし）失礼します。
シェシェー
せっかくだから表通りじゃなくて路地裏を通ってみる。台湾は細い路地がたくさんあって雰囲気バツグン。オッサン歴が長くなってくるとピカピカのビルよりもヨレヨレのボロに魅力を感じるのである。
あっネコ

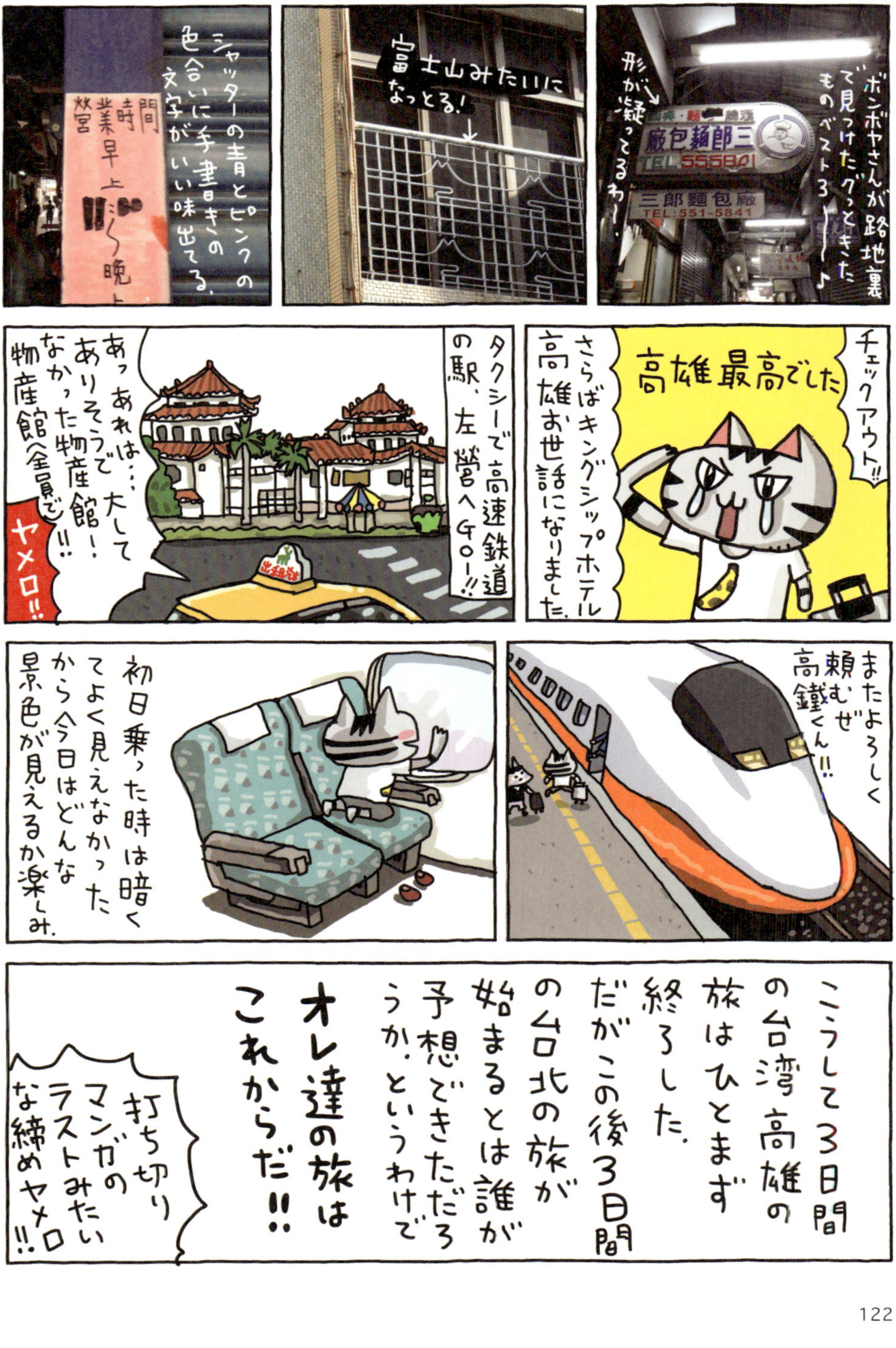
ボンボヤさんが路地裏で見つけたグッときたものベスト3〜♪
形が凝ってるわ〜
三郎麵包廠
TEL 555841
三郎麵包廠
TEL:551-5841
富士山みたいになっとる!
シャッターの青とピンクの色合いに手書きの文字がいい味出てる。
營業時間
チェックアウト!!
さらばキングシップホテル高雄お世話になりました。
高雄最高でした
タクシーで高速鉄道の駅、左營へGO—!!
あっあれは…!大してありそうでなかった物産館!
物産館(全員で)!!
ヤメロ!!
またよろしく頼むぜ高鐵くん!!
初日乗った時は暗くてよく見えなかったから今日はどんな景色が見えるか楽しみ。
こうして3日間の台湾高雄の旅はひとまず終了した。
だがこの後3日間の台北の旅が始まるとは誰が予想できただろうか!というわけで
オレ達の旅はこれからだ!!
打ち切りマンガのラストみたいな締めヤメロ!!

台湾・高雄編

おわり

すごくあっさりだけどダシがきいてて美味

いよいよ来たよー。美味しそうだねー

朝の光とレトロな街並みがいい感じ

野菜炒め入りまんじゅう? パクっとイケル

朝食後ブラブラしてたらまた買っちゃった

食べたらすぐにメモを取る作者くん

麺作り中?と思ったけど誰もいない…

ギズモみたいなワンコ発見

ニャー。煉瓦の壁と黒猫がお似合い

さて、では台北へ戻りますか

路地で食事中の人の横をバイクが激走

路地があちこち素敵な雰囲気なのだ

Photo diary 照片日記

あとがき

あとがきを書いてる場合
じゃない.この後スグに
台湾・台北編を描か
ねばなりません.
ハフーーー ガンバルっス!!
最近そこら中にタピオカミルク
ティー屋ができたっス.
パープルファンタジーも売って
欲しいっス.やっぱいいっス.
この度も読んでいただき
ありがとうございました.
シェー シェーー!!

2019.10.25 Bon.

台北編ご案内!!

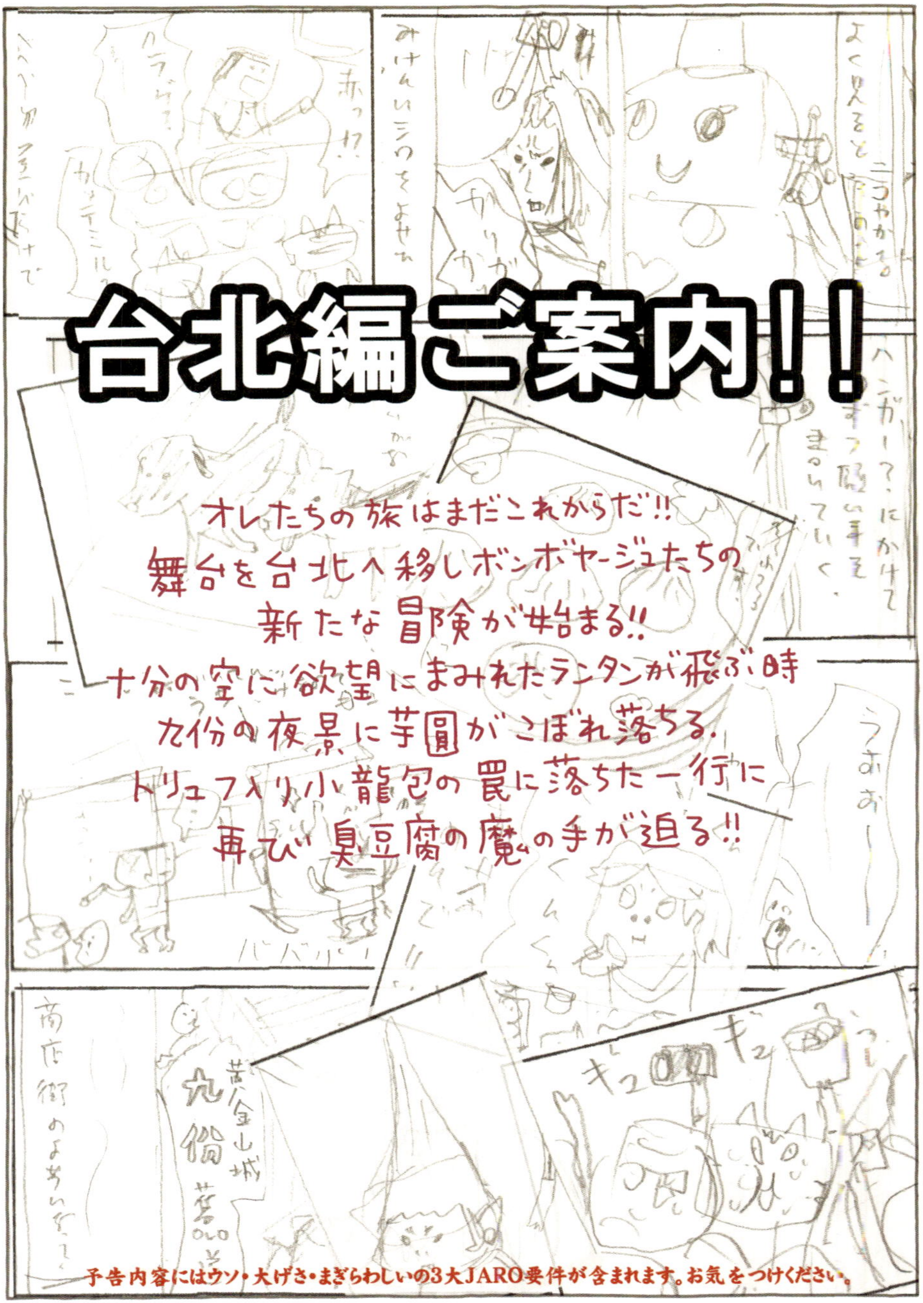

オレたちの旅はまだこれからだ!!
舞台を台北へ移しボンボヤージュたちの
新たな冒険が始まる!!
十分の空に欲望にまみれたランタンが飛ぶ時
九份の夜景に芋圓がこぼれ落ちる。
トリュフ入り小籠包の罠に落ちた一行に
再び臭豆腐の魔の手が迫る!!

予告内容にはウソ・大げさ・まぎらわしいの3大JARO要件が含まれます。お気をつけください。

※『旅ボン 台湾・台北編』は鋭意制作中ですが、2019年11月末現在 発売日は未定です。

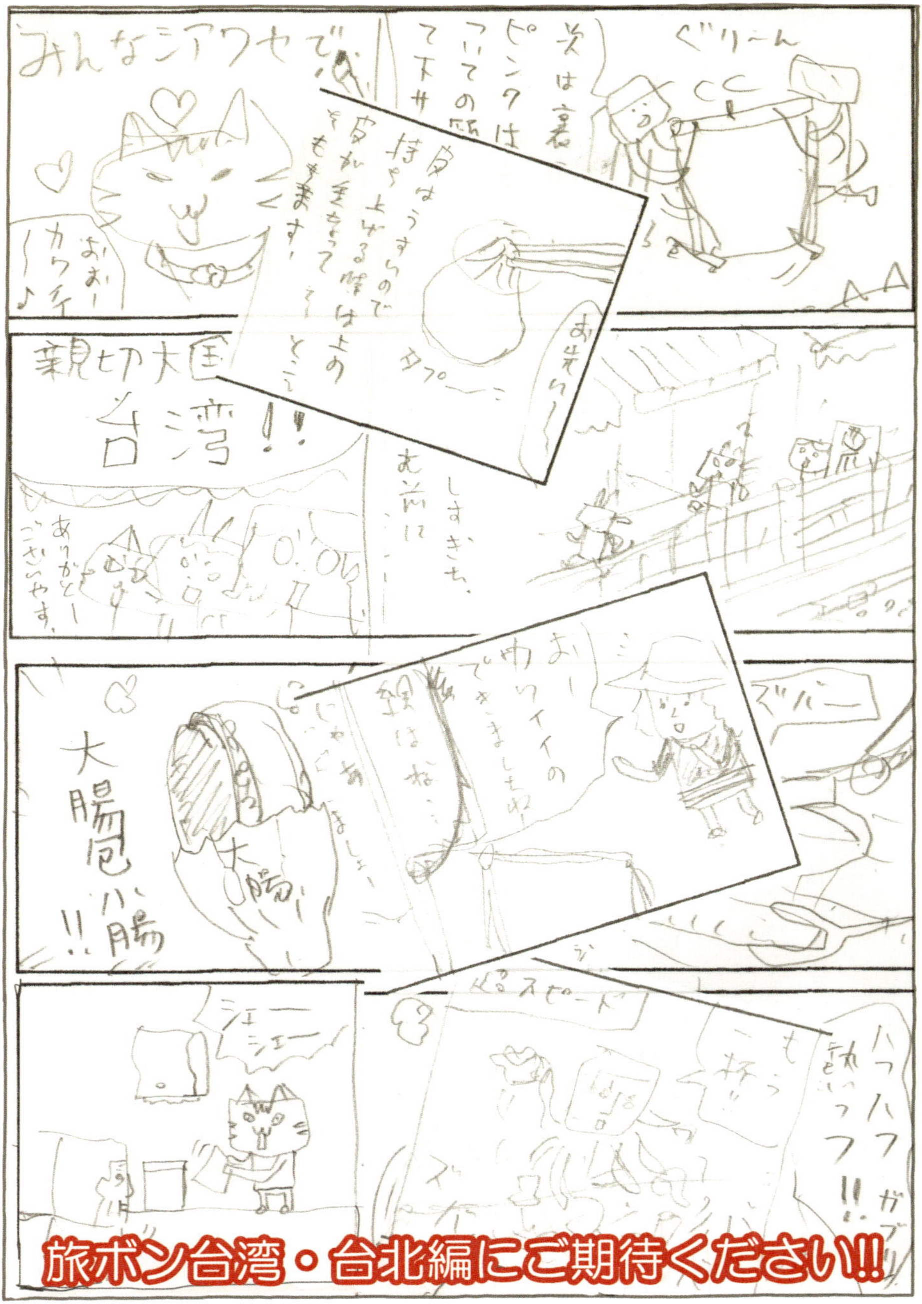

旅ボン台湾・台北編にご期待ください!!

■ ボンボヤージュ

1973 年岡山県倉敷市生まれ。
イラストレーター。主に頭の大きい動物キャラクターを描く。意味も知らずにつけたペンネームのホントの意味はフランス語で「よい旅を」だが、旅行は強制されない限り興味なしの、ひきこもり体質。台湾は初訪問。3 度目の海外取材だが今回が一番リラックスできた模様。書籍をはじめ、Web・モバイル、SNS、文具等、様々な分野で活動し、幅広い世代の人気を集めている。著書に『旅ボン 』シリーズ、『大人ボン』、『タツマキボタン』、『よりぬき ちびギャラリー』（いずれも主婦と生活社）などがある。

公式 HP
www.bonsha.com

LINE スタンプ & 着せかえ

モバイル公式 待受サイト

※本書は 2018 年 11 月～ 12 月に台湾を旅した体験を元に描かれております。

旅ボン 台湾・高雄編

著　者　ボンボヤージュ
編集人　殿塚郁夫
発行人　倉次辰男
発　行　主婦と生活社
〒 104-8357
東京都中央区京橋 3-5-7
編集部　03-3563-5133
販売部　03-3563-5121
生産部　03-3563-5125
ホームページ　http://www.shufu.co.jp
印刷　大日本印刷株式会社
製本　株式会社若林製本工場

編集・デザイン　鈴木知枝　金子美夏（有限会社ボン社）
担当　斉藤正次

ISBN978-4-391-15274-6　Printed in Japan